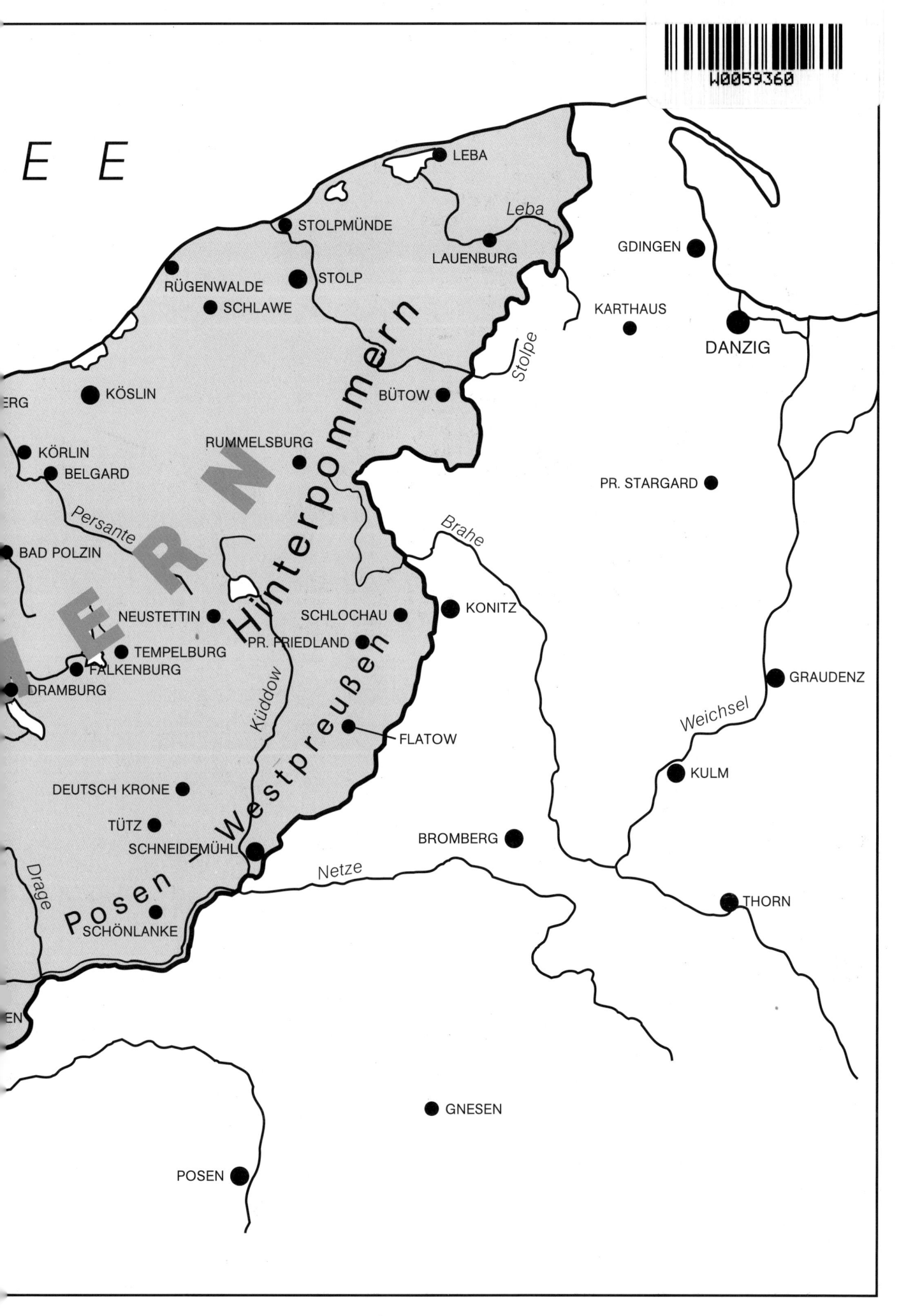

E E

LEBA

STOLPMÜNDE

Leba

RÜGENWALDE

STOLP

LAUENBURG

GDINGEN

SCHLAWE

KARTHAUS

Stolpe

DANZIG

ERG

KÖSLIN

BÜTOW

RUMMELSBURG

KÖRLIN

BELGARD

PR. STARGARD

Persante

Brahe

BAD POLZIN

Hinterpommern

KONITZ

NEUSTETTIN

SCHLOCHAU

PR. FRIEDLAND

GRAUDENZ

TEMPELBURG

Weichsel

FALKENBURG

Küddow

DRAMBURG

Westpreußen

FLATOW

KULM

DEUTSCH KRONE

TÜTZ

BROMBERG

SCHNEIDEMÜHL

Drage

Netze

THORN

Posen

SCHÖNLANKE

GNESEN

POSEN

# Unvergessene Heimat
# Pommern

Bernd G. Längin

# Unvergessene Heimat Pommern

## Städte, Landschaften und Menschen auf alten Fotos

Bilddokumentation
Hanns-Michael Schindler

Weltbild Verlag

# Der Inhalt

© Weltbild Verlag GmbH, Augsburg 1994
Einbandgestaltung: Peter Engel, München
Satz: Cicero Lasersatz GmbH, Augsburg
Druck und Bindung: Appl, Wemding
Printed in Germany
ISBN 3-89350-787-6

*Seite 2: Das Mühlentor in der alten Stadtmauer Stargards. Über dem trägen Lauf der Ihna Lübecker Vorbildern nachgebildet, ist das Mühlentor Pommerns einziges zweitürmiges „Wassertor".*

Bildnachweis: Hansaluftbild, Agnes Lange, Archiv „Der Volksdeutsche", Archiv Graudenz/Schindler, Techno-Photographisches Archiv/Friedenau, Volksdeutscher Bilderdienst, Transozean/Berlin, Staatsbibliothek Berlin, Photographische Gesellschaft Berlin, Foto Scherl, Foto Balke/Stettin, Presse-Bild-Zentrale, Volksbund-Archiv, Weltbild, Archiv des Autors.

# „Je fester die Faust, je näher an Pommern"

## Warum die Pommern waren, wie sie waren (sind wie sie sind)

Es gibt Vorurteile, die unausrottbar scheinen. Eines davon betrifft das preußische Pommern (das flache Land und ein paar Hügel), ein anderes die pommerschen Preußen (kein Volk, sondern tapfere, monarchentreue, etwas rückständige Untertanen, die der Kenner in vordere und hintere zu unterscheiden weiß). Natürlich stimmen Vorurteile nicht ... wenn sie Pommern betreffen nur manchmal!

Pommern, das hieß im Reich „etwas weit weg vom Schuß", selbst dann noch, als dort wahrhaftig oft genug geschossen wurde. Doch davon später. Pommern, das waren Menschen an Tollense oder Trebel, am Wdzydze- oder Wothschwiensee, aus deutschen Lebenswelten mit so ungeläufigen Ortsnamen wie Barnimskunow oder Rothenklemponow ... es war Hausgemachtes wie Blutkuchen, Tollatsch, gestowte Wruken, süße Blutwurst, Biersuppe und Thymianstipp. Was dem Küstenland fehlte, war einmal jene Internationalität, wie sie andere deutsche Landschaften ausstrahlen. Das Mittelstück des Rheins etwa oder das bayrische Alpenvorland. Pommerns Städte sind ohne den literarischen Ruhm Heidelbergs, Pommerns Geschichte ohne Sensationen wie Wahlstatt ausgekommen, was den Pommernführer des Pestalozzivereins im Jahre 1909 klagen läßt: „Von unserem Pommerlande kennt man höchstens einige Gebiete an der Küste, alles übrige Land hält man für weite Moor- und un-

fruchtbare Sandebene, bewohnt von einem etwas rückständigen Volksstamme, namentlich gilt das für Hinterpommern".

*„Pommersche Heide, pommerscher Moor, / Kümmerlich kommst du dem Fremdling vor!":* Das bedeutete wiederum nicht, daß man im übrigen Reich das Küstenland, bäuerlich-aristokratische Lebensformen, pommersche Tugenden und Schwächen nun bewußt ignorierte. Die Berliner etwa machten Pommerns Küste mit beginnender Mobilität, wenn das Wetter wollte, zu ihrer Sommerfrische und Badewanne. Das Modebad Heringsdorf, Kolberg, Ahlbeck, Swinemünde, Binz, Zinnowitz, Misdroy oder Dievenow ... Strände, an denen Zarah Leander Ferienglück, See-, Sol- und Moorbäder, in denen Maxim Gorki Heilung von einem Lungenleiden suchte.

Pommern war daneben die Heimat der deutschen Kartoffel – hier "Tüfte", „Patüffel", „Tuffel", „Toffel", hin wieder auch „Nudel" genannt – seit Dragoner des Alten Fritz lokale Bauern recht drakonisch zum Anbau der exotischen Knolle gezwungen haben. Die Deutschen hatten dazu, wenn sie es sich leisten konnten, zumindest einmal im Jahr die geräucherte Gänse-Spickbrust aus Rügenwalde an der Wipper auf dem Tisch. Schließlich war die Geschichte Kolbergs an preußischen Schulen Pflichtlektüre, hat es an pommerschen Geschichten, selbst wenn deren historische Wahrheit nur bedingt sein mochte, ganz generell nie gefehlt.

Doch was man über Land und Leute nun wirklich wußte, war häufig nur das Stichwort („Seindt getreue wie goldt" – Friedrich I.), das Sprichwort („Er säuft wie ein Pommer" – der Mäßigkeitsverein), das Schlagwort („Feststehen immer, stillstehen nimmer" – Rathaus Stolp), das geflügelte Wort („Je fester die Faust, je näher an Pommern" – der Volksmund) oder

---

### Mine Heimat

„Wo de Ostseewellen
Trecken an den Strand,
Wo de gele Ginster
Bleugt in'n Dünensand,
Wo de Möwen schriegen,
grell in't Stormgebrus,
Da is mine Heimat,
Da bün ick tau Hus.

Well- und Wogenrauschen
wir min Weigenlied,
Un de hohen Dünen
Segn min Kinnertied,
Segn uck mine Sehnsucht
un min heit Begehr,
in de Welt tau fleigen
Oewer Land un Meer.

Woll hät mi dat Leben
Dit Verlangen stillt,
hät mi allens geben,
Wat min Herz erfüllt'.
Alles is verswunnen,
Wat mi quält un drev;
Hev dat Glück nu funnen,
doch de Sehnsucht blev!

Sehnsucht na dat lütte,
Kahle Inselland,
wo de Ostseewellen
trecken an den Strand,
wo de Möwen schriegen
Grell in't Stormgebrus, –
Denn da is mine Heimat,
Da bün ick tau Hus."

Maria Müller-Grählert

*Ernst Moritz Arndt aus
Groß Schoritz (1769–1860),
Schriftsteller, Dichter und
Publizist: Im Kampf gegen
Napoleon hat Arndts Frage
nach des Deutschen Vater-
land eine ähnliche
Wirkung wie der Säbel
Blüchers.*

das Leid-Wort („In seinem allergröß-
ten Zorn schuf der liebe Gott Groß
Born" – die Truppe). Klischees somit,
wie sie die Phantasie der Nation be-
flügelten. Kein Gelächter entkräftete
das. Im Gegenteil. Pommern war,
Pommern waren einfach so.
Die Provinz hatte alles, sie hatte
nichts ... das waren die Extreme, zwischen denen die Haltung der Deutschen zu ihrem größten Küsten- und
ersten Bäderland pendelte. Es gab
eingeborene Pommern, die darunter
litten: *„Große Männer, kleine Städte,
/ Festes Herz und trauter Herd: /
Heil'ge Heimat, vielgeschmähte, /
Bist mir über alles wert"* (Hermann
Plötz). Es gab welche, die mit durchaus poetischen Gegenargumenten kamen: *„O Land der dunklen Haine, / o
Glanz der blauen See"* (Ernst Moritz
Arndt). Oder: *„Für einen Abend am
Radaunensee / gäb ich den Rhein mit
seinen goldnen Wogen"* (Hermann
Löns).
Es fehlte nie an Besuchern, die hier
fanden, was sie suchten: „Das bis zu
Tränen erschütternde Brausen der
See" (Gerhardt Hauptmann), die Inti-
mität der altgrauen Stadt Stralsund,
*„die das Meer umblaut, / wo das rost-
rote Segel sich bläht, / aufblitzt der
Fische blanke Haut / und die gau-
kelnde Möwe kräht"* (Ricarda Huch).
Theodor Fontane imponierte an Swinemünde das „derart Durcheinander-
gewürfelte, daß man den Repräsen-
tanten aller nordeuropäischen Völker
daselbst begegnete". Konrad Weiss
lobte: "Man befindet sich hier in
einem guten Lande. Wie man wohnt,
oder bedient wird, das mag man sich
wie auf einem Gutshofe vorstellen".
Doch Vorurteile haben es an sich, daß
sie schneller entstehen als vergehen.
Besonders unter Nichtpommern, die
Preußen gerne Preußisches anlasten.
Dadurch wurde/wird man Pommer,
etwas, mit dem man unweigerlich an-
trat/antritt ...
Pommern hatte alles, Pommern hatte
nichts: Wer noch in wilhelminischen

Tagen – und damit sollte man wohl
beginnen – „typisch Pommern" sagte,
meinte damit eine Landschaft vom
Künstlerdorf Ahrenshoop auf der
Halbinsel Fischland/Darß/Zingst bis
zur Mündung der Piasnitz: die Provinz Pommern, wie sie in der Gesamt-
heit mit einer Grenze zwischen Vor-
und Hinterpommern an der Oder-Die-
venow-Linie bis 1938 bestand. Doch
Oder und Haff trennen nicht nur, sondern fassen auch zusammen. Dadurch
leicht zu übersehen, daß dieses „Altpommern" die längste Zeit keine Einheit, eher ein irritierend unscharfes,
utopisches, auch poetisches Gebilde
gewesen ist. Führen Wegmarken aus
dem Hinterhof der Geschichte doch
in so verschiedene Regionen wie
Preußisch-Altvor- und Neuvorpommern (seit 1720 bzw. 1815), in ein
schwedisches Vor(der)-Pommern
(seit 1653) und natürlich auch nach
Hinterpommern (vorausgesetzt, man
will dorthin). Dazu kommen Südost-
pommern (1816 mit den neumärkischen Kreisen Schivelbein und Dramburg) und selbst noch Pommerellen
(Klein-Pommern: das historische
Westpreußen zwischen Weichsel und
Küddow.)
Um Pommern unter einen Hut zu
bringen, muß man somit etwas vor,
dann wieder zurück. Ins wilhelmini-
sche Deutschland oder – um eine Hut-
nummer größer – in das Preußen der
Zwischenkriegszeit. Natürlich hatte
Pommern auch damals nicht alles,
aber viel, viel mehr als nichts. Wer
das Küstenland jetzt besuchte, fand
seinen Zauber von der sanften Art:
Fernsicht bis zum Horizont, weite
Weiden, von Schilf eingefaßte Seen,
reetgedeckte Bauernkaten, Birken-
oder Buchenreihen ... Sandstreifen
von Karlshafen bis Ahlbeck, Bern-
steintrümmer, die die See an Land
spült ... Kirche, Markt und Menschen
in Ortschaften wie Hochzeit, Neu-
hochzeit, Rörchen und Scheune ...
Städte wie das traditionsreiche Rummelsburg, das elegante Stolp oder das

hansische Stargard (mit der einzig noch existierenden Möglichkeit, trockenen Fußes durch das Rote Meer zu gehen). Wer besonderes Glück hatte, dem offenbarte sich an verbuchteter Küste dazu längst Verschwundes: Die Trümmer von Vineta, Pommerns Sodom und Gomorrha, die während einer Sturmflut in der See versunkene gottlose Stadt.

Um die Provinz kennenzulernen, mußte man nur ein wenig hin und her, auf und ab fahren. Pommern und pommersch, das sind die Schatten der Vergangenheit an den Domen zu Kolberg und Cammin, Stettins Jakobikirche, die Traufenhäuser von Greifswald, das geteerte Fachwerk in Wiek … das ist Volksgut wie die Haffwoche in Ueckermünde oder das Windelbahnfest der Stolper Schuhmacher. Es sind Landschaften, die sich dem Naturfreund wie die Puppe in der Puppe öffnen: Die Stille des Ueckertals, die Wanderdüne bei Leba, der Bullenberg bei Bad Polzin, Rügens weiße Kreidefelsen oder die vielgerühmte (selten besuchte) Kaschubische Schweiz. Wer dort war, hat es nicht vergessen.

Man kam Pommern (dem Land) näher, wenn man auf seine Menschen zuging. Natürlich gab es den Einheitspommer nicht, einer der war wie der andere. Bestand doch schon ein Unterschied darin, ob man es auf Stralsunds Altem Markt mit einem (nordisch-germanisch-wendischen) Vor- oder im Mund's Hotel in Stolp mit einem (brandenburg-preußisch geprägten) Hinterpommern zu tun hatte, die gelegentlich mehr als nur die Oder trennte. Wer weiter präzisierte, sah die Hiddenseer blauäugig, blond, häufig groß und schlank, die ebenfalls blonden Rügener dagegen eher kurz geraten, breitschultrig, kraftvoll. Während ihr munteres Wesen vom wendischen Einschlag zeugte, war der Jamunder eher verschlossen, ernst, hart und schweigsam wie seine Scholle. Der Pommer

im Landesinnern wiederum galt als geselliger, gesprächiger, schneller und heftiger als der Landsmann an der Küste, der Neuvorpommer war rüstig-beweglich und gemütlich. Allerdings waren gerade bei ihm – der Plural feiert Triumphe – hin und wieder auch jene „leichtsinnigen Sprossen" (Arndt) zu finden, die bei see- und seeverkehrsuchenden Völkern nun einmal üblich sind.

Wo es Pommern (das Land) gab, mußte es für jedes bessere Lexikon trotzdem den Normalpommer geben, das Mitglied im Stettiner Ruderklub „Germania", den Bauer im Weizacker oder Fischer von Mönchgut, den reisenden Händler aus Rummelsburg oder den Freimaurer in Kolbergs Loge „Wilhelm zur Männerkraft". War nur der Norm die generelle Charakterähnlichkeit mit dem kolonisierenden Niedersachsen nachzusagen. Von Ernst Moritz Arndt wissen wir: „Es lebt in den genannten Landen jetzt der sächsische Charakter, eine gewisse Langsamkeit, Harmlosigkeit, Gutmütigkeit und Treuherzigkeit. Es möchte jedoch hin und wieder scheinen, daß die deutsche Fröhlichkeit oft sehr in slawische Lustigkeit und Leichtfertigkeit überschlage und mehr Sinnlichkeit und sinnliche Genußsucht mit sich führe, namentlich in den Küstengegenden …" Das heißt, daß die Menschen an Ihna, Peene, Recknitz oder Drage tätig, kräftig und kriegerisch waren wie der Niedersachse … aber eben heiterer und rühriger, männlicher und eben noch kräftiger, was sie erst zu rechten Pommern machte.

Doch harmlos, heiter … streng konservativ, sangesfreudig, "Knaster" rauchend, „Bullenschottisch" tanzend, „Ohlschenbasta" spielend und von Gänsen umschnattert … Ahnendetektive konnten es dann herbeioder wieder wegreden: Die Seltenheit war hier der rein „fröhliche" Germane oder rein „lustige" Slawe. Der Küstenstreifen war multikulturell,

## Immer dieselben

Aus alter Zeit klingt grause Mär
Vom schönen Rügenlande her,
Des Fremdlings Furcht und Bangen.
Die Ranen spähten scharf zum Strand,
Und wo man einen Fremdling fand,
Da nahm man ihn gefangen.

Dort auf Arkonas Felsentritt
Stand hoch der Götze Swantewit,
Leicht war sein Grimm zu wecken.
Weh' jedem Fremdling, dessen Bahn
Zum Rügenlande führt' heran;
Sein Ende kam mit Schrecken.

Die Ranen nahmen ihm sein Gut
Und führten ihn in wilder Wut
Zum Swantewit, dem bösen.
Der Fremdling ward sein Opfermahl –
Scharf blinkt in Priesters Hand der
   Stahl –
Und nichts konnt' ihn erlösen.

Doch heute hat es keine Not;
Der Swantewit ist lange tot,
Und Christen sind die Ranen.
Sie schlachten keine Fremden mehr,
Doch lieben sie noch immer sehr
Der Väter alte Bahnen.

Noch immer spähen sie zum Strand –
Und kommt ein Fremdling in ihr Land,
Dem sie die Wege weisen:
Für Speis' und Trank und Führerlohn,
Was er besaß, sie haben's schon, –
Dann darf er weiter reisen. –

Ihr Fremden, drückt das Geld euch
   schwer,
So kommt zum Rügenlande her;
Hier werden leer die Taschen.
Ein Rane läßt von seiner Art
So wenig, als es möglich ward,
Den Mohren weiß zu waschen.

Emil Piper

## Lebensring

„Eis, as ick noch jung wier
Un glücklich mien Tied,
dunn wier doch mien Trachten
ganz anners as hüt.
Dunn wull ick mi griepen
von'n Himmel de Stiern,
dunn güng all mien Sähnen
wiet weg in de Fiern.

Wat bläugten de Bläumings
so blaß doch tau Hus!
Wat runschte so släprig
dat Wellengebrus!
Süh, achter dat Water
liggt uck noch 'ne Welt –
hei, will mal versäuken
wur dei mi geföllt.

O du herrliches Läben,
so krus un so bunt,
wat is uns' lütt Ierdball
doch neußlich un rund!
Un as ick denn satt wier
un mäud un marod,
dunn nähm mi de Heimat
taurügg in ehrn Schot.

Nu sitt ick un freu mi
un heww miene Rau;
de Ring üm mien Läben,
nu slott hei sick tau.
O ji blassen lutt Bläumings,
du Wellengebrus!
Schön is't uck wuranners,
doch an'n schönsten – tau Hus!

Maria Müller-Grählert

Jahrhunderte bevor es den Begriff überhaupt gab. Hatte die Verschmelzung zum Neustamm der Pommern doch mit jenem Tag begonnen, als deutsche Könige und Kaiser ihren Untertanen den Weg nach Osten wiesen. Konnte, ganz abgesehen davon, der Unterschied zwischen Alt- und Neusiedlern bereits im Jahr 1 des Zusammenlebens ohnehin nicht nur gravierend gewesen sein, beschreiben frühe Chroniken die pomoranischen Wenden doch als „blond und langschädelig, in Körperform und Aussehen den Germanen ungemein ähnlich".

Da wir bereits beim Integrierenden, beim „typischen" Pommern sind, der in Sitte und Sage, Zitaten und Sentenzen gerne grob und gröber wurde, der treu wie Gold, preußisch-tapfer, etwas gefräßig, aber eben auch ein wenig rückständig war ... Es lohnt sich, einen Augenblick bei ihm zu bleiben. Wirkten im pommerschen Wesen doch Elemente, ein Auf und Ab des Temperaments, was historisch begründet und national banalisiert so viel hieß wie: Er konnte nicht anders (sagten die Nichtpommern). Warum er war wie er war, ist wie er ist? Dazu muß man durch die Etagen der Geschichte zum Urpommer zurück.

Bemühungen deutscher und polnischer Historiker haben meist apologetische Motive, gehen von der Absicht aus, den Standpunkt der einen oder anderen Seite zu bestätigen. Es ist hier nicht die Stelle, in den slawisch-germanischen Historikerstreit einzugreifen, darüber ausgefochten, wer nun zu allererst im Land an der Oder, an Stolpe oder Lupow war. Pommern, das sieben-, achthundert Jahre existierte, wird aus der Geschichte begründet, wenn man so will aus vielen Geschichten. Altpommern war Zweivölkerboden, seine Menschen Strandgut verschiedener Regionen, Epochen und Weltanschauungen.

Pommerns deutsche Geschichte und slawische Vorgeschichte entspricht der an- und abschwellenden Dynamik einer friedlosen Grenzlandschaft. Pommern ist ein Land der Begegnung, entgegen allen Vorurteilen, die sich dagegen angesammelt haben, ein „einladendes" Land. Klein hat es angefangen, von draußen hereingenommen, was es nun wollte oder auch nicht: Germanen auf Ost-, Slawen auf West-, Wikinger auf Raub-, Dänen und Askanier auf Kreuz- und anderen Zügen, Sachsen und Schweden, Störtebecker & Co., Deutschherrn, Mecklen- und Brandenburger, Kaiserliche und Preußen, um nur einige zu nennen. Unter den Invasoren hin und wieder auch Polen, mit denen sich die pomoranischen Wenden kräftig schlagen. (Man sollte es sich hier schon merken: Polnische Ost- und wendische Westslawen sind nicht das gleiche!)

Weit friedlicher dann die frühen Glaubensboten, die mit polnischer Hilfe von Bamberg heraufziehen, als es Heiden nur noch über der Elbe gibt. Mit ihnen missionieren die großen Mönchsorden aus dem altfränkischen Raum. Unkriegerisch auch die von west- und mitteleuropäischen Ländern getragene Ostbewegung in katholisch-mittelalterlicher Zeit. Sie kommen aus Niedersachsen und Holstein, Flandern und den Niederlanden, sind schloßgeboren in Brandenburg und am Rhein, haben West- und Ostfalen oder Thüringen verlassen. Bereits 1181 gilt Pommernherzog Bogislaw als Lehnsmann des römisch-deutschen Kaisers, ist seine Herrschaft in das mit dem Zusatz „Heilig" versehene Reich eingebracht. Bis 1300 entstehen in Pommern zu beiden Seiten der Odermündung 38 Städte mit deutschem Recht. Mit der Übernahme des Christentums, der von Landesherrn, Bischöfen, Klöstern, Adel und Geldadel geförderten Aufsiedlung durch die „Theutonici", wird Pommern mehr und mehr „germanisiert". Der deutsche Siedler hat das Recht, sich kulturell auszuleben, erlangt allmählich die Bevölkerungsmehrheit, in der die slawische Vorbevölkerung aufgeht. Ohne die Begegnung kontinuierlich weiter zu verfolgen ... bereits um 1400 scheint der Verschmelzungsprozeß abgeschlossen. Wie die kulturellen Differenzierungen verwischen, wird aus dem Zusammengewürfelten der Neustamm der Pommern, der – immer wieder drangsaliert und dezimiert – jahrhundertelang durch Zuwanderer aufgefüllt, damit neu gemischt werden muß. Was ihn prägt, sind gemeinsam durchlebte Katastrophen und Sensationen im Spannungsfeld der Geschichte, kirchliche wie soziale Verhältnisse, Wirtschafts- und Siedlungsweisen, immer auch der Brauchtumsschub aus Ost und West.

Bei all dem Kommen, dann auch Gehen, kaum verwunderlich, daß das Interesse an Pommern (dem Land) und Pommern (den Menschen) allmählich wächst. Dazu tragen seit dem frühen Mittelalter gepflegte imperiale Träume bei, die konkurrierenden Ansprüche der Großnachbarn und nationale Egoismen. Im Pommerschen entladen sich alte und neue Feindschaften, die das Land als Objekt in der Parteien Hader, in die Stürme großer Kriege ziehen, es plündern, brandschatzen, zerstören und danach zum Neuaufstieg aus Schutt und Asche zwingen. Einfach haben es die Menschen dadurch nicht, werden sie doch von Ereignissen geprägt, die außerhalb des Pommersch-Familären beginnen, mit denen sie im Prinzip nichts zu tun haben wollen. Immer wieder einmal besiegt, immer wieder einmal besetzt, erträgt der Pommer die Schläge der Geschichte mit Würde. Er lernt, sich zu arrangieren, in der langen Kette folgenschwerer Begegnungen zu überleben. Ein Kompliment. Eines das stimmt.

Erst mit dem Jahr 1815, der Vereinigung Vor- und Hinterpommerns zur beschaulichen Verwaltungsprovinz,

erhalten Land und Leute die eigentliche Identität. Dazu bringen preußische wie schwedische Pommern, die Hauptdarsteller auf dieser Bühne, ganz bestimmte Erbanlagen mit: Sie sind hartarbeitend, rationell, redlich, treu, gerecht, praktisch, unbeirrbar korrekt, kinderreich, zumindest ein großer Teil davon. Sie brauen in Barth oder Politz ein gutes Bier, räuchern in Rügenwalde ihre berühmte Gans, bauen auf Rügen die Kreide ab, lieben „dat leiwe Vieh", pflanzen bei der Geburt ihrer Kinder Bäume, auf daß beide gemeinsam wachsen. Sie lassen sich von Birkenzweigen vor dem Blitz, vom Blütenstaub des Roggens vor Fieber schützen, sind gut protestantisch, gehen langsam aber stets, haben Stettin zu einem Welthafen, Stralsund zur Perle der Ostsee gemacht. Pommern haben und sind Seelen, einer von ihnen würde gar zur „Seele des Postwesens der Welt". Zumindest auf Usedom verstehen sie sich – „Stets kose sanft, nie kose roh, wie man kost in Koserow" – auf Zärtlichkeit. Und bei all den guten Eigenschaften, die es fragwürdig erscheinen lassen, ob noch welche übrig sind, weiß der Pommer, was sich gehört: *„In der Ecke steht er, / seinen Schnurrbart dreht er, / seinen Schnurrbart muß er drehn, / Wenn er will zum Tanze gehn"* (Stettiner Kreuzpolka).

Somit gab es eine Menge recht versöhnlich stimmender Züge am landestypischen Pommer schwedisch/ preußischer Vergangenheit. Ausgerechnet ihnen hat die alte Fama, die natürlich schiere Verleumdung ist, den von vielen Geschlechtern ererbten „groben" Pommer respektlos nebenangestellt. Wurde im Reich doch hartnäckig kolportiert, daß wenn man sich einem Pommer höflich näherte, der gleich meinte, man sei ein falscher Kerl. War man jedoch grob zu ihm, so wurde er nur noch gröber, was gesteigert heißen konnte: „Es nimmt ein Ende wie in Bahn!". Im pommer-

## Glück

Laß der Sehnsucht Ziel entfließen,
Bleibe Täuschung nur zurück:
Nicht das Halten, das Genießen,
Nur die Sehnsucht war das Glück.

Zeiten gleiten, Stunden fließen,
Schwankend wandelt das Geschick.
Laß mich halten, mich genießen
Den geliebten Augenblick.

Laß den Augenblick verfließen,
Leise bleibt die Lust zurück:
Nicht im taumelnden Genießen,
Im Erinnern lebt das Glück.

Hans Hoffmann

## Freiheit

Auf Arkonas Berge ist ein Adler-
  horst,
Wo vom Schlag der Woge seine
  Spitze borst.

Spitze deutschen Landes, willst
  sein Bild zu sein?
Riff und Spalten splittern deinen
  festen Stein.

Adler, setz' dich oben auf den
  Felsenthron,
Deutschen Landes Hüter, freier
  Wolkensohn.

Schau hinaus nach Morgen, schau
  nach Mitternacht,
Schaue gegen Abend von der hohen
  Wacht!

Ließ der deutsche Kaiser fliegen
  dich zugleich,
Als er brach in Stücke, ach, das
  deutsche Reich?

Hüte, deutscher Adler, deutsches
  Volk und Land,
Deutsche Sitt' und Zunge, deutsche
  Stirn und Hand!

Wilhelm Müller

schen Bahn/Kreis Greifenhagen. Dort hatte im Rahmen weithin gerühmter Passionsspiele der römische Legionär den Jesusdarsteller erstochen (das umstürzende Kreuz die trauernde Maria, der Johannes – der Mann war ja ein Pommer – schließlich den Christusmörder erschlagen), worauf die biographisch geschädigten Bahner Passionsspiele nur noch im geflügelten Wort weiterlebten. So ist es überliefert, so muß es wohl gewesen sein. Unterstützt wurden die Nichtpommern dabei durch Thomas Kantzow, als Geheimschreiber der fürstlichen Kanzlei zu Wolgast so etwas wie das personifizierte alte Pommern. Behauptet dieser doch in seiner frühen Chronik, daß der Landsmann „viel Grobheit" an sich habe, besonders der Rügener „sehr zänkisch und mordisch" gewesen sei. Weh dem, der einem Pommern, der „dat walte Got un en kolt Isen" sagte, versehentlich auf den Mund und nicht auf die Beine schaute *(„denn er ist bald an einem")*. Das heißt, um die Gedanken des Chronisten weiterzuführen: Frühe Pommern konnten sogar saugrob sein. Allerdings hatte der deutsche Schmelztiegel das Volk höflicher und frommer gemacht. Ab sofort haßt es Lügen wie Schmeicheleien, ist mehr simpel als klug, mehr gutherzig als freundlich. Wer es schrieb war ein Pommer.

Vom unverzichtbaren Goethe stammen die Worte „Ja, Ihr Herren Pommern seid doch recht freimütige oder wohl gar grobe Männer", wobei des Weimarer Rats und Dichterfürsten Kategorisierung darunter leidet, daß er selbst nie in der Provinz war, lieber im heißen Sprudel des böhmischen Karlsbad als im eisenhaltigen Säuerling von Bad Polzin gesessen hat. Nichtpommern schlossen daraus, daß Goethe, der Vielgereiste, und nicht nur er das Küstenland bewußt gemieden hätten, da es ihm dort einfach am Genie, am Tumult des Geistes gemangelt habe. Hätte Pommern doch weder einen Kant noch einen Beethoven hervorgebracht, keine Albertina als Kreissaal der Philosophie. Wären aus der Provinz weder Goethesche Klarheit noch Schillerscher Schwung gekommen, was den Pommern ohnehin einiges Kopfzerbrechen bereitete.

Pommern, das waren für das Restreich in erster Linie Krautjunker und Kornbarone, die Theodor Fontane, der im Pommerschen immer wieder einmal Station machte, „eine Störung, ein Hemmnis, einen aus Böswilligkeit oder Dummheit auf die Schiene gelegten Stein" nannte. Trotzdem gehörten Namen wie Borck, Kleist, Manteuffel, Glasenapp, Krokow, Thadden, Puttkamer, Wedell, Podewils, Zitzewitz oder Maltzahn in die Provinz wie – um beim Typischen zu bleiben – der Pökelaal zum Küstenfischer oder die „Kartuffelsupp" zum Sommertag. Dazu hatte das Land Energien, Ideen und eine ganze Reihe Offiziere und Patrioten hervorgebracht: den alten Schwerin, den alten Nettelbeck, den alten Wrangel. Preußen und sehr pommersche dazu, die der Reihe nach alle einmal jung waren. (Der kugelfeste, sattsam bekannte alte Dessauer, der den Schweden Stralsund und Rügen entriß, war kein Landsmann). Doch nichts überstieg hier das erträgliche Maß. Nur ein einziger geschichtlicher Pommer wollte ganz hoch hinaus, ein Versuch, der dann auch scheiterte. Regierte Herzog Erich I. von Pommern-Stolp als König der nordischen Reiche Dänemark, Schweden und Norwegen doch so ungeschickt, daß man ihn absetzte. Worauf der Erich bekannte, daß er ohnehin lieber als Seeräuber arbeitete.

Allen Unkenrufen zum Trotz: Natürlich gab es ihn, den genialen Pommer, auch wenn sich der Maßstab dessen, was man als genial zu bezeichnen pflegt, in neuerer Zeit mehrmals geändert hat. Zwar war er in der Regel landflüchtig, kam nur noch selten und als Tourist, was jedoch niemand hinderte, auf ihn stolz zu sein. Caspar David Friedrich und Philipp Otto Runge, die Meister der romantischen Malerei, waren Pommern. Ebenso der Mediziner und Politiker Rudolf Carl Virchow und die Gebrüder Lilienthal, die der Menschheit das Fliegen lernten. Nicht zu vergessen der geistig-publizistische Widerständler Ernst Moritz Arndt, dessen Frage nach des Deutschen Vaterland und strophenselige Totschlagslyrik im Kampf gegen Napoleon eine ähnliche Wirkung zeigten wie der Säbel Blüchers.

Von pommerscher Festigkeit daneben der tapfere Pommer, der auf dem Akker der Ehre stehende, nicht selten gefallene Grenadier, Husar oder Ulan (behaupten die Pommern). Hans Werner Richter, Fischersohn aus dem Ostseebad Bansin – einer, der es wissen mußte –, hält vom Landsmann: „Er sagt, was er denkt, steht, wo er steht, schlägt, wo zugeschlagen werden muß und ist immer, was er ist: ein Pommer" ... wobei es darauf ankam, wo er seine weiß-schwarze Lanzenflagge zeigte, an wen er dabei geriet. Erwiesen ist, daß patriotisch drauf- und umsichschlagende Pommern in blutigen Händeln der Geschichte tiefe Spuren hinterlassen haben. Was der Alte Fritz, der Preußen in die Rolle der europäischen Großmacht führte, an ihnen dann auch ganz besonders schätzte, für was er sie „liebte wie seine Brüder", sind soldatische Tugenden: „Unter allen Provinzen hat Pommern die besten Untertanen für die Kriegsdienste wie für alle Ämter hervorgebracht. Sie geben gute Offiziere und verläßliche Soldaten ab." Abgesehen davon hielt Friedrich die Pommern für brave (mißtrauische und dickköpfige, aber weder grausame noch heftige) Leute mit einem geraden und schlichten Sinn.

Im Prinzip fing der Pommer von sich aus keine Kriege an. Wenn im Pulverdampf zu Wasser oder zu Land dazu gezwungen, hatte er jedoch einige Fähigkeiten, einem Gegner „de Flöh

von'n Rücken" zu jagen, eben kräftig zurückzuschlagen. In den Schlesischen Kriegen zeichneten sich Pommern bei der Verteidigung des Vaterlands wie in Präventivschlägen gar derart aus, daß der große Friedrich für sie jenen Marsch komponierte, der zur eigentlichen Ruhmesfanfare Preußens wird. Für Ernst Moritz Arndt Grund genug, um seine Pommern aufgrund „ihres fröhlichen Kriegmuts seit Friedrich dem Großen" für „glänzend berühmt" zu halten.

Pommern zeugte somit Helden, einige mehr als im restlichen Reich. Ganz unrecht hatte ein „in der Wolle gefärbter Preuße" wie Fontane allerdings nicht, wenn er auf der Höhe des Zeitgeists Heldentum als ein Produkt der Zwangslagen hinstellte. An denen hat es in Pommern selten gefehlt. Ob in Krieg oder Frieden: *„Dei Äppel föllt nich wiet von' Stamm, so as dat Schap is uk dat Lamm"*. Hinter Pommerns echtem Mannestum stand die Pommerin in praller Weiblichkeit. Wenn sich lokale Greifen „huller-die-buller" eher in Frauen von Adel aus dem Restreich verliebten – Barnim XI. in die Anna von Braunschweig, Barnim XII. in die Anna Maria von Brandenburg oder Philipp I. in die Maria von Sachsen –, so nur aus Gründen politischer Observanz. Pommerinnen – wegen der Gefahr einer Verwechslung mit der gleichnamigen gemeinen oder bitteren Orangefrucht Citrus vulgaris nur böswillig „Pommeranzen" – verstanden schon früh, auf sich aufmerksam zu machen. Wer ältere Literatur befragt, stößt auf die unglücklich verliebte Riesin von der Stubnitz und die Wanderer an- wie ausziehende Sirene Hertha, beide bereits Pommerinnen, auch wenn sie es noch nicht wußten. Pommerin auch jene Grimmsche Märchengestalt, die mit grenzenloser Gier zur Königin aufsteigt, um danach – *„Manntje, Manntje, Timpe Te, / Fischlein, Fischlein, in der See, / meine Frau, die Ilsebill, / will nicht so, wie ich wohl*

---

**Vadder unser**

Vadder unser in't Himmelriek,
vör den'n wi alltauhoop söln gliek
un Bräuder sin –
wi ropen Di an un bäden:
Laat hillig war'n Dinen Namen!
Dien Riek laat kamen!
Dien Will gescheih taugliek
up Ierden as in't Himmelriek!
Giw hüt uns dat dagdäglich Broot
un wat taun Läben süs noch noot!
Vergiw uns unse Schuld,
as wi in'n stilln,
dei uns wat schüllig sünd,
vergäben willn!
Giw, dat uns nich versöcht de Bös'!
Von Dood un Düwel uns erlös!
Ja, schenk uns eis ein selig En'n
un nimm uns' Seel in Diene Hän'n!
Denn Dien is Riek
un Kraft un Herrlichkeit
in Ewigkeit. – Amen.

**Pommersche Mundart**

Kinder, för dat Publikum
Latet true Wünsche hören –
Floreat commercium –,
Denn dat bringt to Glück u
   Ehren.
Ja, förwahr, vör allen Dingen
Moot det Koopmanns Gott
   gelingen,
Süst geiht oalles scheep un
   krumm.

Ein Volkslied (vorpommersch)

---

*will"* – schnell wieder zur vorpommerschen Fischersfrau zu werden. Historisch gesicherter dagegen Elisabeth von Pommern-Stolp (die Starke), vierte Gemahlin des römisch-deutschen Kaisers Karls IV. und dafür bekannt, daß sie am Prager Hof Hufeisen und Schwerter mit der Hand zerbrechen konnte. Schon damals Pommerns Schicksal, daß sich seine großen Söhne und Töchter bevorzugt erst fern der Heimat als solche erwiesen. Unter ihnen Stettins Prinzessin Sophie Dorothea von Württemberg, als Marja Fjodorowna Gattin des Zaren Paul I. von Rußland und Mutter Alexanders I. Neben ihr Pommerns allergrößte Tochter in oder außerhalb der Christenheit: die sinnlich-heitere Sophie Auguste Friedericke von Anhalt-Zerbst, die – Skandal und Zierde ihrer Zeit – unter dem Taufnamen Katharina II. als Selbstherrscherin aller Reußen ein Riesenreich regierte.

Um im Starken, Großen, Ausgewanderten die Optik nicht zu verlieren (was im Pommernalltag durchaus etwas zählte): Auch im Küstenland selbst war die Entdeckung das wirkliche Leben. Der Komponist und Maurermeister Karl Friedrich Zelter, der zahlreiche Lieder Goethes vertonte, ist im Pommerschen dabei tatsächlich auf „die schönsten Arme, Schenkel und Schultern" gestoßen, die er je gesehen hat. Grund genug, um dem Dichterfürsten Pommerns „edelgebildete Frauengestalten aller Stände" etwas eingehender zu beschreiben.

Der Normalpommer sprach Pommersch, Plattdütsch mit einem unerschöpflichen Reichtum an zärtlichen, launigen, naiven und leidenschaftlichen Formulierungen, das nur ein Nichtpommer wie Kurt Tucholsky ein „herrlich besoffenes" Idiom nennen konnte. „Uns Sprak is deip un mächtig un prächtig as de See" ... darauf legte man Wert, obwohl es niemand beweisen konnte. Ein Pommer war an der Silbe chen zu erkennen

(dadurch nur mit dem Ostpreußen zu verwechseln). Das heißt, daß man in Körlin, Schlüppe oder Neuwarp aus dem Mann ein Mannchen machte, aus dem Hund ein Hundche und selbst Gott zu einem Gottchen verkleinerte. Originell obendrein die Ostmärker um Dramburg oder Schivelbein, deren g-Formel und ie-Verzicht das Dutzend Eier zum Dutzend „Ege" werden ließ.

Natürlich war es wiederum kein einheitliches Platt, doch Pommern redeten ja auch nicht, sondern snakten oder sabberten. Die Mundarten, die mit großer Vielfalt an Persante, Wipper, Leba oder Schwinge neben der nationalen Hochsprache gesprochen wurden, entsprachen dem Mosaik der pommerschen Bevölkerung. Dadurch komplizierte Sprachbeziehungen verdeutlicht, wenn der Rügener auf eine Dirn „töwen", der Stolper auf ein Mäche „luern" mußte, was für beide so viel bedeutete, daß sie auf ein Mädchen (in Wolgast „Mädche", in Körlin „Mäke", in Schneidemühl „Meika" oder „Meike") warteten. Wenn es südlich von Stargard recht eigenwillig hieß: „De Olo plegto tu sego, wen d Fako sat sin, ritos de Kum üm", was tatsächlich nur eingefleischte Pommern verstehen konnten.

Küstenpommersch wird dem Fischerehepaar vor seiner Kate in den Mund gelegt: Sie: „Wie scheun is dat hüt". Er (nach einer Stunde): „Dar markt man ock, ohne to snaken". Neuvorpommersch reimt Martha Müller-Gehlert: *„Ein lütten Sparling flücht nich hoch, / Sin Kunst is eng ümschräben. / Wenn ick uck man ein Sparling bün- / Dat mütt uck Sparling gäben."* Auf Hinterpommersch reagiert der Bauer im erinnerungsreichen Kolberg, wenn er auf die Feststellung, hier sei doch ein großer Mann wie Nettelbeck geboren, erwidert: *„Nee, davon hew ick mien Tied nix hürt. So as ick dat weit, sind in Kolberg ümmer man kleine Kinner up't Welt kommen ..."*

Kanzelplatt fragt der Pastor in der Kirche: „Woans sall un kann ick an're Lüd helfen, wenn sei in Not sünd?" Von lokaler Bedeutung dazu die „Kindelbier" (keine Biersorte, sondern eine Taufe), die „Mutter Greif" (kein Vogel, sondern eine Hebamme), der „Aschkuhlausräumer" (ein Müllmann), das „Stolper Jungchen" (eine Käsesorte) und die „Alten Weiber" (ein gaumenfreudiges Erbsengericht) ... Doch genug, zeigt doch der kurze sprachliche Exkurs bereits, daß es Zugereiste rein sprachlich hier durchaus nicht immer einfach hatten.

Das waren, so tafelten, kämpften, sprachen die alten Pommern, ihre Junker, Grenadiere, Offiziere, ihre Lehrenden und Lernenden, Versager und Genies. Hier ist die Stelle, um Verwechslungen vorzubeugen: Ein Pommer war ein Pommer, konnte allerdings auch a) eine Gattung alter Holzblasinstrumente mit doppeltem Rohrblatt oder b) ein landestypischer Spitz, als „Pomeranien" Favorit der englischen High Society sein. Und wo es auf alten, treu-deutschen Landkarten einmal ein Altpommern gab, mußte es einfach auch Neupommern geben. Allerdings stimmten Gemeinplätze wie „Seindt getreue wie goldt" oder „Feststehen immer, stillstehen nimmer" dort nicht. Wie weit Neupommern tatsächlich vom deutschen Kernland entfernt lag, unterstrichen am Nachdrücklichsten lokale Eßgewohnheiten: Hin und wieder menschenfressenden Papuas waren pommersche Spezialitäten wie Pommelchen, Kollatschen oder Niejörkes, Klackerklieben oder Aschback vollkommen unbekannt. Um den Anschluß an die imperialistische Welteroberung nicht völlig zu verlieren, hatte das Reich 1885 mit Neubritannien eine Insel Melanesiens erworben und im Zuge der Eindeutschung Neupommern genannt ...

Seither hat sich einiges getan, man weiß, wie es im schicksalhaften Wechselspiel von Unrecht, Vergel-

tung und Intoleranz gekommen ist. Im Ersten Weltkrieg entschließt sich im Reservelazarett von Pasewalk, der pommerschen Kleinstadt an der Uekker, der Gefreite A. H. „Politiker zu werden". Nachdem er es geworden ist, gibt es den Gau Pommern (mit Gauleiter), der Teile der alten Grenzmark Posen-Westpreußen umfaßt. Der zweite Weltbrand beginnt im Osten, trifft Deutschlands Osten dann auch besonders hart. Am 27. Januar 1945 durchbrechen sowjetische Panzerverbände die Verteidigungslinie bei Hochzeit im Kreis Arnswalde, im Rückblick „der Anfang vom Ende" für Pommern östlich der Oder. Als die Waffen ruhen, kommt der Volksweise des Kindergartens wiederum verheerende Bedeutung zu: *„Maikäfer flieg! / Der Vater ist im Krieg, / die Mutter ist im Pommerland, / Pommerland ist abgebrannt! / Maikäfer flieg!"* Doch „Pommerland" war nicht nur abgebrannt, sondern vom Wind der Geschichte verweht. Pommerns Städte sind schwer zerstört. Die Oder, die bisher die (nordisch-germanisch-wendischen) Vor- von den (eher brandenburg-preußisch geprägten) Hinterpommern trennte, wird Deutschlands Schicksalsfluß. Die eigentlichen Verlierer des vorerst letzten europäischen Kriegs sind jene Deutschen, die östlich des Flusses leben, die wie im pommerschen Abzählreim „Ix, ax u, weg büst du!" jetzt Rache und Vergeltung am härtesten treffen.

Wer nach einem halben Jahrhundert Nachkriegszeit über das preußische Pommern (das flache Land) und seine pommerschen Preußen (kein Volk, sondern tapfere, monarchentreue, etwas rückständige Untertanen) spricht oder schreibt, bezieht sich nur noch auf Vergangenes. Was nicht heißt, daß beide aus dem historischen Zusammenhang mit Deutschland gestrichen werden können.

Bernd G. Längin

---

## Pommersche Heide

Pommersche Heide, pommersches Moor,
Kümmerlich kommst du dem Fremdling vor!

Nirgend ein Garten, nirgend ein Baum –
Wollkraut und Weidicht gedeihen hier kaum.

Nirgend ein Häuschen, nirgend ein Dorf –
Schwärzliche Gräben und Haufen Torf.

Selbst im Frühling kein Vogellied –
Kiebitz nur schreitet im hohen Ried.

Graue Nebel jahraus, jahrein –
Erlkönigs Töchter im Mondenschein.

Pommersche Heide, pommersches Moor,
Denk ich nur deiner, so jauchz' ich empor:

Jugend und Liebe und Heimatluft
Grüßen durch Nebel und Heideduft.

Hugo Kaeker

---

# Zeittafel

**Um 100 v. Chr.** Im Raum zwischen Oder und Persante siedeln Burgunder, Goten stoßen ins Weichselgebiet, von dort nach Ostpommern vor. Vorpommern im Besitz der Sweben.

**3.–6. Jh.** Abwanderung ostgermanischer Stämme aus Pommern nach Westen und Süden. Slawische Völker (Wenden) rücken auf breiter Front nach, nennen das Land „po morje" (Land am Meer).

**6. Jh.** Die ostgermanischen Rugier ziehen aus Rügen ab. Ihnen folgen slawische Ranen.

**863** Beginn der Slawenmission mit der Christianisierung Mährens.

*Otto I., der Große (912–973) im Arkadenbogen des Karlsschreins im Aachener Dom. An der Recknitz schlägt Otto I. den Wendenaufstand gegen die Christianisierung nieder.*

**950 ff.** Wikinger unter dem Dänen Blauzahn in Pommern. Gründung des Handelsplatzes Jomsburg (Wollin).

**955** Ks. Otto I. schlägt an der Recknitz (Mecklenburg) den Wendenaufstand gegen die Christianisierung nieder.

**963** Markgraf Gero besiegt Polen. Das Land zwischen Oder und Warthe unter deutscher Oberhoheit.

**968** Gründung des Erzbistums Mecklenburg als Zentrum der Slawenmission.

**983** Aufstand der Slawen beendet deutsche Herrschaft östlich der Elbe.

**995** Polenhzg. Boleslaw Chrobry (992–1025) erringt Herrschaft über Hinterpommern.

**1000 ff.** Ks. Otto III. errichtet mit Hzg. Boleslaw Chrobry das poln. Erzbistum Gnesen.

**1004–18** Kriege Heinrichs II. gegen Boleslaw Chrobry, Friede von Bautzen. Polen verliert Böhmen, behält das Land rechts der Elbe.

**1025–1034** Kg. Mieczyslaw von Polen verliert Pommern an Dänemark.

**1028** Thietmar von Merseburg berichtet von der „magna civitas Luibni", dem späteren Lebbin im Kreis Usedom-Wollin.

**1030–1300** Zerfall der Eroberungen Boleslaws unter dessen Nachfolgern. Polen de facto nicht im Lehnsverband des Reiches.

**1098** Dänen zerstören die Jomsburg der Wikinger auf Wollin.

**1107** Stettin als Burg genannt.

**1121** Der poln. Hzg. Boleslaw III. nimmt Stettin ein, verpflichtet die Bevölkerung zur Annahme des Christentums.

**1121–35** Hzg. Wartislaw I. von Pommern-Stettin, der Stammvater der Greifenherzöge, regiert das Land um die Odermündung.

**1124** Bischof Otto von Bamberg beginnt 1. Missionsreise nach Pommern. Wartislaw I. nimmt das Christentum an (seine Söhne werden 1170 deutsche Herzöge).

**1124–55** Ratibor I. regiert das Land Schlawe-Stolp.

**1125–37** Wiederaufnahme der deutschen Kolonisation. Die ersten Siedler östlich der Elbe.

**1128** 2. Missionsreise Ottos von Bamberg. Das Hzt. Pommern wird nach dem Landtag zu Usedom weitgehend christianisiert.

**um 1135** Hzg. Wartislaw I. von einem Heiden erschlagen.

**1135** Boleslaw III. von Polen erobert Pommern, muß es jedoch als Lehen vom dt. Kaiser annehmen.

**1138** Pommern entledigt sich der poln. Oberhoheit.

**1139–1320** Deutsche Ostsiedlung.

**1140** Papst Innozenz II. erklärt Wollin zum Sitz des Bistums Pommern.

**1147** Wendenkreuzzug: Albrecht der Bär führt Kreuzzug gegen den Pommernfürsten Ratibor, Belagerung von Stettin.

**1153** Gründung des ersten Klosters in Stolpe durch Benediktiner.

**1156** Prämonstratenser gründen Kloster bei Usedom.

**1163** Hzg. Bogislaw I. leistet Heinrich dem Löwen den Lehnseid.

**1168** Kg. Waldemar I. von Dänemark (1157–1182) erobert Rügen im Kampf gegen die Wenden. Rügen von slaw. Fürsten unter dän. Oberhoheit regiert

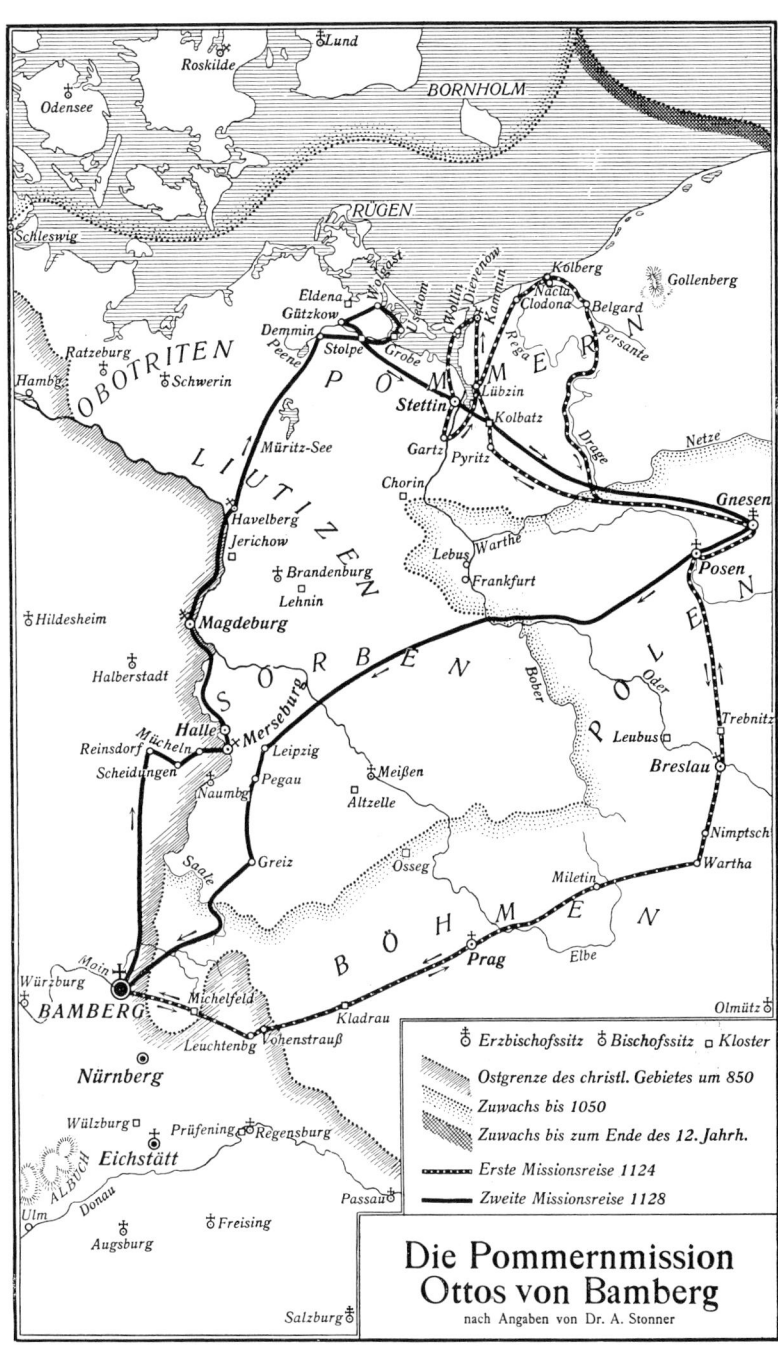

**Die Pommernmission Ottos von Bamberg**
nach Angaben von Dr. A. Stonner

† Erzbischofssitz   ☦ Bischofssitz   □ Kloster

Ostgrenze des christl. Gebietes um 850
Zuwachs bis 1050
Zuwachs bis zum Ende des 12. Jahrh.
Erste Missionsreise 1124
Zweite Missionsreise 1128

(1325 mit Pommern-Wolgast vereinigt).

**1173** Gründung des Zisterzienserklosters Kolbatz.

**1176** Cammin wird Bischofssitz. Gründung des Klosters Belbuck durch Prämonstratenser.

**1177** Baubeginn der Nikolaikirche in Pasewalk.

**1181** Friedrich I. Barbarossa (1152–

*Otto, Bischof von Bamberg, unternimmt zwischen 1124 und 1128 zwei Missionsreisen zu den von Polen unterworfenen Pommern.*

*Oben links: Pommernapostel Otto von Bamberg (um 1069 in der Grafschaft Bregenz – 1139).*

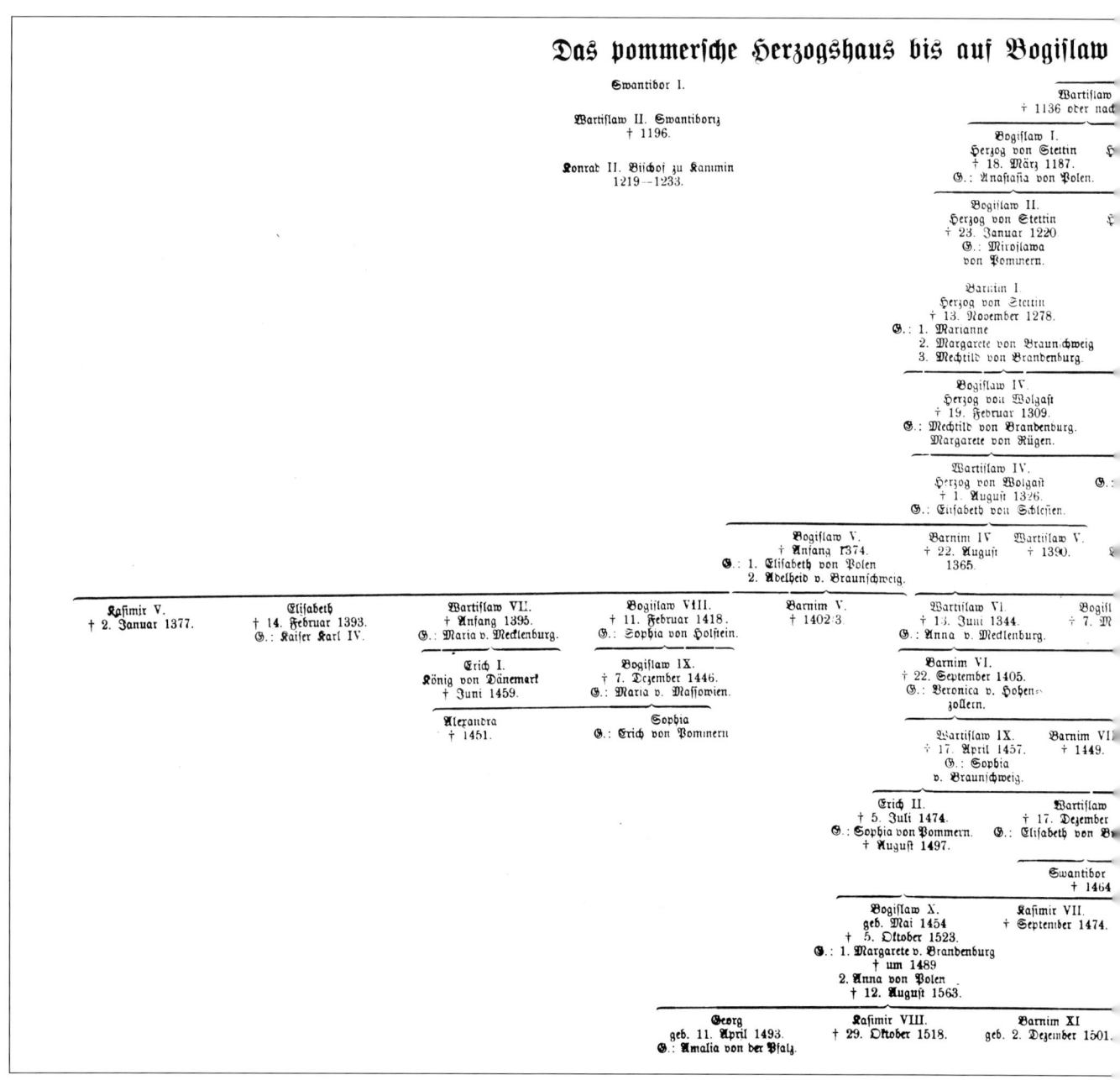

Das pommersche Herzogshaus bis auf Bogislaw

1190) belehnt Hzg. Bogislaw I. mit Pommern. Eingliederung Pommerns in das röm.-dt. Kaiserreich.

**1184** Pommern unterliegt Dänemark in der Seeschlacht im Greifswalder Bodden. Anerkennung der dänischen Lehnshoheit.

**1187** Gründungsbau der Jakobikirche in Stettin.

**1189** Heiligsprechung Ottos von Bamberg.

**1190** Bremer und Lübecker Kaufleute gründen den Deutschen Orden (zunächst zur Krankenpflege).

**1191** Mit der „Villa Teutonicorum" (später Hohenkrug) wird die erste dt. Siedlung östlich der Oder angelegt.

**1193** Gründung des Benediktiner-Nonnenklosters in Bergen/Rügen.

**1198** Deutscher Orden wird geistlicher Ritterorden.

**1199** Gründung der Abtei Eldena, von der die Christianisierung Vorpommerns ausgeht.

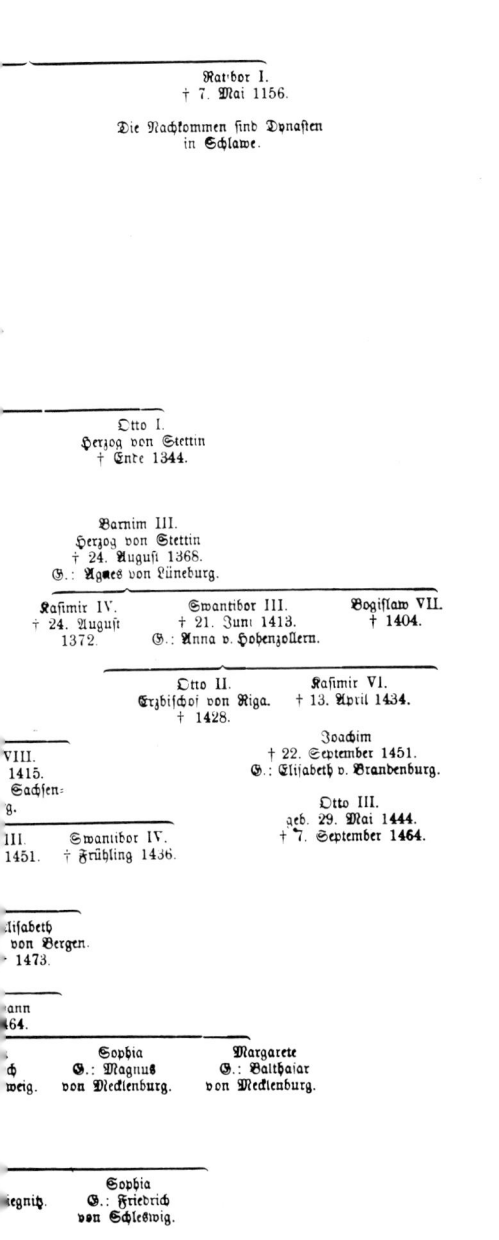

**1226 ff.** Konrad von Masowien bittet den Deutschen Orden um Hilfe gegen die Prussen. Beginn der Eroberung des Prussenlands (bis 1283). Gründung des Deutschordensstaates.

**1226–78** Barnim I.

**1227** Niederlage des dän. Großreichs bei Bornhöved. Rügen bleibt unter dän. Oberhoheit.

**1231** Der Kaiser überträgt den brand. Markgrafen die Oberlehnshoheit über das westliche Pommern.

**1234** Der Templerorden erhält das Land Bahn (ab 1333 bei Pommern). Stadtrechte für Stralsund.

**1236** Wartislaw III. erkennt Oberhoheit der brand. Markgrafen an, an die er das Land Stargard abtritt.

**1243** Stettin erhält Magdeburger Stadtrecht.

**1250** Brandenburg erobert die Uckermark. Greifswald erhält Lübisches Recht. Gründung des Johannisklosters in Stralsund durch Franziskaner.

**1251** Dominikaner gründen das Katharinenkloster in Stralsund, eine der größten mittelalterlichen Klosteranlagen des Ostseeraums.

**1254** Greifenhagen erhält Magd. Recht.

**1255** Kolberg mit Lüb. Stadtrecht.

**1260** Baubeginn der St. Marienkirche in Greifswald.

**1270** Die Herrschaft Rügen erwirbt das Land Schlawe.

**1273–75** Krieg zwischen Pommern und Brandenburg.

**1276** Baubeginn der Nikolaikirche in Stralsund.

**1277** Rügen verkauft Schlawe an Brandenburg.

**1278** In Vorpommern haben 6, in Hinterpommern 12 Städte deutsches Recht. Erstmals Weinbau in Pommern.

**1286** Der Templerorden erhält das Land Draheim (ab 1312 im Besitz der Johanniter).

**1292** Die Fürsten von Mecklenburg erhalten das Land Stargard.

**1293** Zusammenschluß Lübecks, Wismars, Rostocks, Greifswalds und Stralsunds in einem Schutzbund, Grundlage des Hansebunds der wendischen Städte.

**1294** Aussterben der Herzöge von Pommerellen, Erbstreitigkeiten zwischen Polen, Brandenburg und Pommern-Wolgast.

**1295** Das Hzt. Pommern teilt sich nach dem Erwerb des westl. Pommerellen in Pommern-Wolgast unter Bogislaw IV. (Vor- und Hinterpommern) und Pommern-Stettin (1478 wieder vereinigt).

*Karl IV. (1316–78): Der römisch-deutsche Kaiser aus dem Hause Luxemburg heiratet in vierter Ehe Elisabeth von Pommern-Stolp (die Starke).*

**1296** Gründung des Zist.-Klosters Hiddensee.

**1300 ff.** Polen entwickelt sich zur Großmacht.

**1303** Gründung von Deutsch Krone.

**1304** Eine verheerende Sturmflut verwüstet die Küste Pommerns.

**1307** Stolp, Schlawe und Lauenburg gehen an Brandenburg.

**1308** Markgraf Waldemar von Brandenburg verliert Stargard.

**1309** Der Deutsche Orden erhält Danzig und Pommerellen (östl. der Persante).

**1312** Der Orden erwirbt das Land Schlochau als Grenzbastion gegen Pommern. Errichtung der Burg Schlochau durch die Deutschherrn.

**1314** Gartz wird Mitglied der Hanse.

**1317** Verzicht Brandenburgs auf das Land Stolp zugunsten Pommerns.

**1320** Aussterben der brand. Askanier. Pommern gewinnt einen großen Teil der Uckermark zurück.

**1325** Aussterben der Rügenfürsten. Rügen geht an Pommern-Wolgast.

**1333** Kg. Kasimir III. von Polen überläßt dem Orden Pommerellen und Kulmerland (i.e. Westpreußen).

**1338** Pommern erhält vom Kaiser die Reichsstandschaft. Anerkennung der Erbanwartschaft Brandenburgs.

**um 1340** Kolberg wird Sitz des Bischofs.

**1344–68** Barnim III., der „Kirchenbauer".

**1346** Der Deutsche Orden gründet Bütow nach Kulmer Recht.

**1348–51** Der Pest fällt knapp ein Drittel der pommerschen Bevölkerung zum Opfer.

**1350–1500** Blütezeit der Hanse.

**1354** Im Vertrag von Oderberg erhält Pommern die nördliche und östliche Uckermark.

**1361** Krieg der Hanse gegen Waldemar IV. von Dänemark. Hansetag in Greifswald.

**1362** Ks. Karl IV. heiratet Prinzessin Elisabeth von Pommern-Stolp.

**1363** Vollendung der Lauenburg durch den Deutschen Orden.

**1367** 2. Krieg der Hanse gegen Dänemark.

**1368** Hzg. Bogislaw V. verleiht Stolp das Münzrecht.

**1370** Sieg der Hanse über Dänenkg. Waldemar IV. Atterdag. Im Frieden von Stralsund erhält die Hanse die Küste von Schonen.

**1384** Land und Stadt Schivelbein beim Deutschen Orden.

**1385** Der Deutsche Orden erwirbt das Land Tuchen.

**1389** Erich von Pommern-Stolp wird König der nordischen Reiche.

**1390** Baubeginn der Deutschordensburg Bütow.

**1402** Der Deutsche Orden erwirbt die Neumark.

**1410** Sieg der Polen und Litauer über den Orden bei Tannenberg.

**1415** Belehnung Friedrichs von Hohenzollern mit Brandenburg.

**1417–57** Wartislaw IX., Hzg. von Pommern-Wolgast.

**1433** Hussiten verwüsten einen Teil der Neumark und des Schlochauer Landes.

**1445** Niederlage der Brandenburger vor Pasewalk.

**1454** Beginn des Preuß. Städtekriegs gegen den Deutschen Orden.

**1454–1523** Bogislaw X., der Große.

**1455** Der Deutsche Orden verpfändet Flötenstein an die pomm. Adeligen Glasenapp und von der Osten.

**1456** Gründung der Universität Greifswald.

**1459** Pommern-Wolgast nach dem Tod Erichs I. mit Pommern-Stolp vereinigt.

**1464 ff.** Stettiner Erbfolgestreit. Pommern-Stettin fällt an Pommern-Wolgast.

**1466** Kasimir IV. besiegt den Orden, dessen Großmachtstellung der 2. Friede von Thorn beendet. Pommern nimmt die Lande Bütow und Lauenburg als poln. Lehen.

**1472/79** Die Uckermark geht an Brandenburg.

**1478** Hzg. Bogislaw X. vereint und ordnet ganz Pommern unter seiner

Herrschaft (ab 1532 wieder geteilt).

**1487** Stettin ständige Residenz der Herzöge von Pommern.

**1490** Polen erkennt Lauenburg und Bütow als pomm. Pfandbesitz an.

**1493** Bogislaw erreicht die Aufhebung des Lehnsverhältnisses von Brandenburg.

**1513** Schneidemühl erhält Magd. Stadtrecht.

**1521** Erste reformatorische Predigt in Stettin.

**1525** Der preuß. Ordensstaat wird Hzt. der Hohenzollern unter poln. Lehnshoheit.

**1528** Buchdruck in Stettin eingeführt.

**1529** Die brand. Hohenzollern verzichten endgültig auf die Lehnshoheit über Pommern zugunsten der Eventualerbnachfolge.

**1533** Bugenhagen übersetzt Lutherbibel ins Plattdeutsche.

**1534** Pomm. Kirchenordnung. Nach Einführung der Reformation auf dem Landtag zu Treptow werden 45 Klöster säkularisiert. Das Bistum Cammin weltliches Fürstentum.

**1539** Neugründung der (lutherischen) Universität Greifswald.

**1570 ff.** Absinken des bäuerlichen Stands in die Leibeigenschaft. Abwanderung von Bauern nach Polen.

**1616** Rechtliche Anerkennung des Bauernlegens vernichtet den freien Bauernstand.

**1618** Vereinigung des Hzts. Preußen mit Brandenburg durch Erbschaft. Beginn des Dreißigjährigen Kriegs.

**1620** Pommern unter Hzg. Bogislaw XIV. wiedervereinigt. Sidonia von Borcke nach Hexenprozeß in Stettin enthauptet.

**1627 ff.** Besetzung Pommerns durch Wallenstein. Vergebliche Belagerung Stralsunds.

**1630 ff.** Kg. Gustav II. Adolf von Schweden landet auf Usedom und besetzt Pommern. Schwere Verwüstungen im ganzen Land, rd. 60 % der Bevölkerung verlieren das Leben.

**1635** Brandkatastrophe vernichtet die Altstadt Stargards.

*Johann Bugenhagen (1485–1558). Beichtvater Luthers und Reformator Pommerns überträgt Bugenhagen die Bibel ins Plattdeutsche.*

**1637** Ende der Eigenstaatlichkeit nach dem Aussterben des Fürstenhauses der Greifen. Bütow und Lauenburg gehen als erledigte Lehen an Polen zurück.

**1638** Die Pest wütet in Stettin.

**1640–88** Friedrich Wilhelm, der Große Kurfürst. Aufstieg Brandenburgs.

**1648** Westfälischer Frieden. Vorpommern mit Stettin, Rügen, Usedom und Wollin im Besitz Schwedens, Hinterpommern geht an Brandenburg. Stargard Sitz der brand. Behörden.

**1655–60** 2. Schwedenkrieg. Polen plündern Stettin, Stolp und Stargard.

**1677** Friedrich Wilhelm erobert Stettin und Rügen.

**1685** Nach der Aufhebung des Edikts von Nantes wandern Hugenotten in Pommern ein.

**1700–1721** Im Nordischen Krieg stehen Rußland, Dänemark und Polen-Sachsen gegen Schweden. Pommern und Pommerellen Kriegsschauplatz. Ende der schwed. Großmachtstellung.

*König Gustav II. Adolf von Schweden (1594–1632): Mit der Landung Gustav Adolfs auf Usedom (1630) tritt Schweden in den Dreißigjährigen Krieg ein.*

*Das große Wappen der Herzöge von Pommern, wie es während des Erbvergleichs zwischen Pommern und Brandenburg im Grimnitzer Jagdhaus (1529) festgelegt wird. Abgesehen vom Löwen des Fürstentums Rügen (Mitte) und dem schrägen Kreuz der Grafschaft Gützkow zeigen alle Wappenfelder das Fabeltier Greif, seit Alexander dem Großen Synonym der Streitbarkeit.*

*Friedrich Wilhelm III. (1770–1840): Bei Jena und Auerstedt geschlagen, verliert der König im Frieden von Tilsit über die Hälfte des preußischen Staatsgebiets.*

**1701** Kurfürst Friedrich III. von Brandenburg (1688–1713) als Friedrich I. König „in" Preußen. Die Provinz gibt ihren Namen an den brand.-preuß. Gesamtstaat ab.

**1709–10** Zwei Drittel der Bewohner Pasewalks fallen der Pest zum Opfer.

**1713** Russen belagern Stettin und brandschatzen Wolgast.

**1713–40** Friedrich Wilhelm I. König in Preußen. Begründung des preuß. Militär- und Beamtenstaats.

**1714** Der König von Preußen ordnet „Soldatenwerbung ohne große Gewalttätigkeit" an. Aufhebung der Hexenprozesse in Preußen.

**1715** Preußen tritt in den Nordischen Krieg gegen Schweden ein. Preußen und Dänen erobern Rügen. Einnahme Stralsunds, das im Frieden von Stockholm wieder an Schweden zurückfällt.

**1715–1759** Ewald von Kleist.

**1718** Köslin durch Brand verwüstet.

**1721 ff.** Nach dem Nordischen Krieg erhält Brandenburg-Preußen das öst-

liche Vorpommern bis zur Peene mit Usedom, Wollin und Stettin. Der Rest Vorpommerns und Rügen bleiben schwedisch. Einführung der Kartoffel in Pommern.

**1728** In Greifswald erscheint Bugenhagens „Pomerania" im Druck.

**1729–96** Prinzessin Sophie von Anhalt-Zerbst, ab 1764 Katharina II., Zarin von Rußland.

**1740** Abschaffung der Folter in Preußen.

**1740 ff.** Regierungsantritt Friedrichs II. (bis 1786), Rivalität zwischen Brandenburg-Preußen und Österreich (Preuß.-Öster. Dualismus bis 1866). Im Zuge der friderizianischen Kolonisation werden in Pommern zahlreiche Siedlungen angelegt.

**1747** Swinemünde preuß. Seehafen.

**1748** Schutz der preußischen Bauern vor dem Bauernlegen.

**1753** Die „Pommersch-Rügianischen Intelligenzen" erscheinen als erste Zeitung Greifwalds.

**1756–63** Siebenjähriger Krieg. Pommern mehrfach verwüstet, Kolberg dreimal von Russen belagert.

**1760** Russen und Österreicher besiegen Friedrich bei Kunersdorf.

**1763** Friede von Hubertusburg zwischen Österreich, Sachsen und Preußen besiegelt deutschen Dualismus.

**1769–1860** Ernst Moritz Arndt.
**1772–1795** Polen dreimal geteilt.
**1774–1840** Caspar David Friedrich.
**1786–97** Friedrich Wilhelm II.
**1797–1840** Friedrich Wilhelm III.
**1806** Napoleon besiegt Preußen bei Jena und Auerstedt, besetzt Pommern. Schwedenkg. Gustav Adolf hebt Leibeigenschaft in Vorpommern auf.
**1807 ff.** Friede von Tilsit. Napoleon gründet das Hzt. Warschau. Erfolgreiche Verteidigung Kolbergs bis zum Friedensschluß. Aufhebung der Erbuntertänigkeit der Bauern und der Adelsvorrechte in Preußen durch vom Stein.
**1812** Rußlandfeldzug Napoleons. Preußens General Yorck schließt mit der Konvention von Tauroggen Waffenstillstand mit den Russen.
**1813** Dt. Befreiungskrieg gegen Napoleon. Aufruf Friedrich Wilhelms III. „An mein Volk", Stiftung des Eisernen Kreuzes als preuß.-dt. Kriegsauszeichnung (1914 und 1939 erneuert). Preußen unter General von Tauentzien belagern Stettin.
**1814** Einführung der allgemeinen Wehrpflicht in Preußen.
**1814–15** Wiener Kongreß zur politischen Neuordnung Europas. Vorpommern mit Rügen geht von Schweden an Dänemark, Preußen erwirbt es im Austausch mit dem Hzt. Lauenburg und gegen Zahlung von 3.5 Millionen Taler. Rußland gewinnt das Königreich Polen. Die Neuordnung Preußens bringt die Kreise Schivelbein und Dramburg zu Pommern.
**1817** Heinrich Dohrn gründet die Provinzial Zuckersiederei als ersten Industriebetrieb Pommerns.
**1821–1902** Rudolf Virchow.
**1824** Auf Usedom setzt der Badebetrieb ein.
**1830** Vergeblicher Aufstand der Polen gegen Rußland.
**1833** Gründung des Deutschen Zollvereins.
**1835 ff.** Auswanderung von Altlutheranern nach USA.

**1839** Preußen schränkt Kinderarbeit ein.
**1840–61** Friedrich Wilhelm IV.
**1840–1910** Pommern verliert 744 100 Bewohner durch Abwanderung.
**1843** Eröffnung der Eisenbahnlinie Berlin-Stettin.
**1844** Einführung des Turnunterrichts an den höheren Schulen Pommerns.
**1848–96** Otto Lilienthal.
**1848 ff.** Aufstände in Berlin und Wien. Zusammentritt des Frankfurter Paulskirchen-Parlaments.
**1849** Scheitern der demokratischen und national-liberalen Bewegung.
**1851** Zinnowitz erhält Erlaubnis zum Badebetrieb.
**1858** Virchow begründet Zellular-Pathologie. Pommern wandern nach Brasilien aus.
**1859–73** Graf Albrecht von Roon preuß. Kriegsminister.
**1861** Wilhelm von Preußen in Königsberg gekrönt. Virchow gründet „Deutsche Fortschrittspartei".
**1862–90** Otto von Bismarck preuß. Ministerpräsident, ab 1871 Reichskanzler.

*Rudolf Carl Virchow aus Schivelbein (1821–1902), Mediziner, Politiker und Altertumsforscher: Für Bismarcks Politik gegen die katholische Kirche prägt Virchow das Schlagwort „Kulturkampf".*

*Heinrich von Stephan (1831–1897) aus Stolp, der Gründer des Weltpost-vereins und „Erfinder" der Postkarte.*

**1864** Deutsch-Dänischer Krieg.
**1865** Paul Heyse schreibt das Schauspiel „Kolberg".
**1866** Preußisch-Österreichischer Krieg. Choleraepidemie in Stettin.
**1866–67** Norddeutscher Bund, Bismarck erster Bundeskanzler.
**1870** Virchow deckt Pfahlbauten der Wikinger auf Wollin auf. Heinrich Stephan führt Postkarte ein.
**1870–71** Deutsch-Französischer Krieg. Wilhelm I. in Versailles zum dt. Kaiser ausgerufen. Pommern mit Preußen beim Deutschen Reich.
**1872** Bismarck beginnt den „Kulturkampf".
**1874** Heinrich Stephan gründet den Weltpostverein.
**1876** Franziska Tiburtius erste deutsche Ärztin.
**1878** Bismarcks Sozialistengesetz.
**1888–1918** Wilhelm II. dt. Kaiser.
**1890** Entlassung Bismarcks mit dem Titel eines Herzogs von Lauenburg.
**1894** Errichtung des Kaiser-Wilhelm-Denkmals in Stettin.
**1898** Ks. Wilhelm eröffnet den Stettiner Freihafen.
**1914 ff.** Pommern bleibt vom Ersten Weltkrieg verschont.
**1918** Zusammenbruch der Mittel-mächte. Deutschland demokratische Republik.
**1919** Friedensvertrag von Versailles. Fast das ganze Posener Land und Westpreußen gehen an Polen, Danzig Freistaat. Pommern verliert geringe Landesteile, wird Grenzland. Ostpreußen durch den „Polnischen (Weichsel-) Korridor" vom Reich getrennt.
**1922** Gründung der Provinz Grenzmark Posen-Westpreußen aus den beim Reich verbliebenen Resten Posens und Westpreußens, Schneidemühl Regierungssitz.
**1929** Alfred Döblins Hauptwerk „Berlin-Alexanderplatz" erscheint.
**1932** Bei der Reichstagswahl wählen nur 0,04 % der Pommern für die poln. Liste.
**1933** Hitler Reichskanzler.
**1934** Abschluß des dt.-poln. Nichtangriffspakts.
**1936** Poln. Einschränkungen im Durchgangsverkehr Deutschland-Ostpreußen. Peenemünde im Kreis Usedom-Wollin wird Versuchsstation für Raketen und ferngelenkte Waffen. Rügen durch Fahrdamm mit dem Festland verbunden.
**1938** Eingliederung der nördl. Kreise der Grenzmark und der neumärk. Kreise Friedeberg und Arnswalde in Pommern.
**1939** Dt.-sowjet. Nichtangriffspakt. Pommern zählt 2 393 844 Einwohner. Fertigstellung der Autobahn Berlin-Stettin. Kündigung des dt.-poln. Vertrags durch Hitler.
**1939-1945** Zweiter Weltkrieg. Bedingungslose Kapitulation der deutschen Wehrmacht und vollständige Besetzung Deutschlands.
**1942** In der Raketenversuchsanstalt Peenemünde wird die erste „Weltraumrakete" gezündet.
**1943** „Graf Zeppelin", der einzige dt. Flugzeugträger, wird nach Stettin verlegt (1945 selbstversenkt). Die RAF greift Peenemünde an.
**1944** (28./30. August) Die brit. Luftwaffe wirft 1341 Tonnen Bomben auf Stettin.

**1945** Einbruch der Sowjets in die „Pommernstellung". Das Potsdamer Abkommen teilt Pommern entlang der Oder-Neiße-Linie, der Ostteil mit Stettin „vorläufig" unter poln. Verwaltung, der Westen in der sowjet. Besatzungszone. Vertreibung der dt. Bevölkerung aus den deutschen Ostgebieten. Bildung des Landes Mecklenburg-Vorpommern.

**1947** Durch Kontrollratsbeschluß der USA, Großbritanniens, Frankreichs und der Sowjetunion wird der preuß. Staat aufgelöst. Mecklenburg-Vorpommern „Land Mecklenburg". Erste Ausgabe des „Pommern-Briefs", aus dem die „Pommersche Zeitung" hervorgeht.

**1948** Gründung der Pommerschen Landsmannschaft im Westen.

**1949** Gründung der Bundesrepublik Deutschland und der DDR.

**1950** Die DDR erkennt durch das Görlitzer Abkommen die Oder-Neiße-Linie als endgültige Grenze Deutschlands an. Veröffentlichung der Charta der deutschen Heimatvertriebenen.

**1952** Polen Volksrepublik. Verwaltungsreform der DDR teilt Vorpommern in 3 Bezirken auf.

**1954** Schleswig-Holstein übernimmt Patenschaft der Pommern.

**1955** Anerkannten Deutschen auf poln. Staatsgebiet wird über die Familienzusammenführung die Ausreise ermöglicht.

**1957** Gründung des Sozialwerks der Pommern e.V.

**1962** Stiftung des Pommerschen Kulturpreises für Kunst und Wissenschaft durch die Landsmannschaft.

**1966** Schleswig-Holstein erläßt Gesetz zur Errichtung der öffentl.-rechtl. Stiftung Pommern, die 1967 im Kieler Schloß eingerichtet wird.

**1970** Warschauer Vertrag zur Normalisierung der Beziehungen zwischen Polen und der Bundesrepublik Deutschland mit faktischer Anerkennung der Oder-Neiße-Grenze.

**1973** Veröffentlichung des „Manifests der Pommern" durch die Landsmannschaft.

**1990** Mecklenburg-Vorpommern wird deutsches Bundesland.

*Pommernjugend in Jequitiba/Espirito Santo: Trotz des Heydt'schen Reskripts, das zwischen 1859 und 1896 die Auswanderung nach Brasilien verbietet, wandern in den 70er Jahren des 19. Jh. pommersche Tagelöhner und Kleinbauern in den brasilianischen Staat Espirito Santo ein.*

# „… auf daß niemand uns den Polen zurechne"
# Geschichte und Geschichten aus Pommern

Es war kein Zufall, wenn Martha Müller-Grählert für das Wind- und Wellengedicht „Mine Heimat" die Worte wählte *„Wo de Ostseewellen / Trekken an den Strand, / Wo de gele Ginster / Bleuht in'n Dünensand, / Wo de Möwen schriegen, / grell in't Sturmgebrus, / Da is mine Heimat, / Da bün ick tau Hus …"* Pommern hatte über 500 km hinweg die längste Küste des Deutschen Reichs, was Meer und Wellenschlag, Düne und Strand die Rollen in Natur und Kultur übertrug. Vorerst auf die entlehnte Melodie „Wenn in stiller Stunde" gesungen, sind „De Ostseewellen" zu Beginn unseres Jahrhunderts dann ein schlicht unisono gehaltenes, rundherum pommersches Heimatlied. Wenn Müller-Grählerts Ostseewogen heute fast nur noch als „Nordseewellen" an Land schlagen, kommt die Verantwortung dafür dem Walzertakt zu. Daneben dem Pommerschen „Da is mine Heimat, da bün ick tau Hus", das sich dem Heimatverbundenen einfach als Allgemeingut anbot.

Dabei hatte die Dichterin aus dem vorpommerschen Barth im landschaftsgebundenen Urtext keine Zweifel aufkommen lassen:

*„Well- und Wogenrauschen / Weer min Weigenlied, / Un de hogen Dünen / Seg'n min Kinnertied, / Seg'n uck mine Sehnsucht / Un min heit Begehr, / In de Welt tau fleigen / Oewer Land un Meer.*

*Sehnsucht na dat lütte, / Kahle Inselland, / Wo de Ostseewellen / trecken an den Strand, / wo de Möven schriegen / Grell in't Stormgebrus,- / Denn*

*da is mine Heimat, / Da bün ick tau Hus"*.

Erst die fremde Hand macht aus Pommerns kahlem Inselland ein niederdeutsches „schönes Marschenland" oder ein ostpreußisches „kleenes, lewes Fescherland, wo de Elk und Reiher jedem Kind bekannt". Doch ob nun Möven schriegen, schrieen oder Möwkes schrieje … ohne den äußeren Anachronismus zu übersehen, leben Martha Müller-Grählert und das alte Pommern selbst in der urigsten Strophe fort.

Hatte das Versmaß die Dichterin zum rohen Sketch der Heimat gezwungen, geht Hermann Plötz schon näher auf

*Seite 24: Bauernhaus bei Bublitz/Kreis Köslin. Auf der Nordseite des Pommerschen Landrückens, der Hinterpommern über rund 220 Kilometer durchzieht, herrscht eine weitgehend ertragreiche Landwirtschaft vor.*

*Pommernlied von Adolf Pompe (1831–1889). Noch als Student hat der Stettiner Theologe und Gymnasiallehrer Pompe während einer Harzwanderung das Pommernlied gedichtet.*

## Pommernlied

Weise: Karl Groos, 1818        Satz: Wilhelm Wapenhensch

Wenn in stil - ler Stun - de Träu me mich um -
brin - gen fro - he Kun - de Gei - ster un - ge -

Wenn in stil - ler Stun - de Träu - me
brin - gen fro - he Kun - de Gei - ster

wehn, / sehn, re - den von dem Lan - de mei ner
mei -

mich um - wehn, / un - ge - sehn, re - den von dem Lan - de mei - ner

hei - mat mir, hei - lem Mee - res -
- ner hei - mat

hei - mat mir, hei - lem Mee - res

stran - de, Dü - sterm Wald - re - vier.

stran - de, Dü - sterm Wald - re - vier.

*Barth/Vorpommern aus der Vogelschau. Die seit dem Mittelalter für ihr Bier gerühmte Stadt am Süd-ufer des Barther Boddens gehört seit 1325 zu Pom-mern, das Besitzansprüche in Kriegen mit Mecklen-burg klären kann. Im Dreißigjährigen Krieg schwer heimgesucht, kommt Barth 1648 zu Schweden.*

Pommerns allgemeine Geographie ein. Läßt der Cretlower Rektor und Hausdichter im „Pommerlied" doch singen: *„Land mit sanftem Bachge-plätscher, / Wiesengrünem Erlen-pfad, / Wo den Himmel sperrt kein Gletscher / Und den Sonnenlauf kein Grat, / Wo von leicht geschwungnen Kulmen / Unser Blick voll Lust ins Land / Über Buchen, Eichen, Ulmen / Streift bis an den Himmels Rand".*
Es sind Müller-Grählerts dünenge-krönter, vom Sturm verwöhnter Ost-seesaum und des Pommerlieds Man-gel an „himmelsperrenden Glet-schern", die das Schicksal des Kü-stenraums mitbestimmen. Locken der Zugang zur See seit altersher doch Freund und Feind. Ist es das Fehlen natürlicher Grenzen, die das Land zum Nachbarn hin öffnet, damit über-gangslos macht. Die Überlegung ist

somit berechtigt: Wo fängt Pommern an, von wo ging es einmal aus?

## Im Spannungsfeld der Geschichte

Germanen und Slawen hatte ein brei-ter Raum voneinander getrennt, bevor sie sich ein paar Jahrhunderte vor Christi Geburt näher, immer näherka-men. Es ist diese stumme Spur der Vorgeschichte, ohne die Pommerns Geschichte in Zukunft nicht mehr auskommen sollte. Agrippa, der Feld-herr des Augustus, macht als erster „Geograph" die Weichsel (Vistula) als Ostgrenze germanischer Barbaren aus. Laut Plinius wohnen slawische Völker ausschließlich jenseits des Flusses, wahrscheinlich die Veneder des Publius Cornelius Tacitus, von denen der Sammelbegriff der Wenden für Westslawen stammt.

In der Römerzeit sitzen zwischen Oder- und Weichselmündung aus Norwegen eingewanderte Rugier, im westpommerschen Raum Lemovier. Goten aus Mittelschweden stoßen in das Gebiet der Weichselmündung, dann nach Ostpommern vor, wodurch die Rugier – der Stammesname findet sich in Rügen wieder – nach Westen abgedrängt werden. Ebenfalls aus dem skandinavischen Raum kommen Burgunder, die über das Mündungsgebiet von Oder und Weichsel nach Mitteleuropa eindringen.

Während des „Wannerfewers" (pommersch für Völkerwanderung) ziehen die Germanen aus dem Küstenland ab, um rauflustig, wie sie waren, allerhand Schrecken bis nach Rom zu tragen. Wie bei Umzügen üblich, lassen sie im Norden überflüssigen Ballast zurück: ein paar Küchenutensilien,

ein paar Waffen, Kämme, Gürtel und Knöpfe. „In die leergelassenen Plätze und Länder rückten Slawen stille nach, bis sie endlich den ungeheuren Strich inne hatten, der vom Don zur Elbe, von der Ostsee bis zum Adriatischen Meer reicht", so später der Ostpreuße Johann Gottfried Herder in seinem berühmten, wenn auch etwas phantasiefrohen „Slawenkapitel". „Sie liebten die Landwirtschaft, einen Vorrat von Herden und Getreiden, auch mancherlei häusliche Künste ... Längs der Ostsee von Lübeck an hatten sie Seestädte erbaut, unter welchen Vineta das slawische Amsterdam war."

Als die große Völkerwanderung – erst im 20. Jahrhundert folgt eine noch größere – vorbei ist, haben sich westlich der Oder mehrere Kleinstämme der Lutizen (Wilzen) eingerichtet, le-

*Stralsund: Marienkirche (links), Nikolai- und Jakobikirche. Einst eine der wichtigsten Hansestädte, wird Stralsund nach dem Dreißigjährigen Krieg Schweden zugesprochen, in dessen Besitz es – ausgenommen eine kurze dänische Periode während des Nordischen Kriegs – bis 1815 bleibt.*

*Rathaus und Nikolaikirche am Alten Markt in Stralsund nach einem alten Stich. Verwaltungssitz des schwedischen Vorpommern, kommt die Hafen- und Handelsstadt am Strelasund 1815 mit Neuvorpommern zu Preußen.*

*Seite 29, oben: Stralsund, Blick in die Heiliggeist-Straße durch das Kütertor (1281).*

*unten: Rathaus von Stralsund mit dem Turm der Nikolaikirche. Das Rathaus am Alten Markt – einst als „Kophus" (Kaufhaus) gebaut – gilt als schönster Profanbau norddeutscher Backsteingotik.*

ben Uckrer in der Uckermark, Circipaner an der Peene und Kaschuben westlich des Weichseldeltas. Anstelle von Wodan, Thor oder Freia kommt jetzt Göttern wie Triglaff, Dibitza oder Swantevit Verehrung zu. Weder von den einen noch von den anderen ist im Pommerschen viel geblieben, selbst Fachleute können das Puzzle der einzelnen Stämme und Götter heute nicht mehr überzeugend ordnen. Ein „Swantevit" würde eines Tages als Schiff der Weißen Flotte die Ostsee durchpflügen ... selbst das, was die Pommern einmal Götterspeise nennen sollten – geriebener Pumpernickel mit Schokolade, Preiselbeeren und Schlagsahne – hat keinen Anspruch auf Wurzeln in der Vergangenheit.

Dafür verdient unter den Nachgewanderten der lockere Stammesverband der westslawischen Pomoranen in Ost- oder Hinterpommern schon jetzt besonderes Interesse. Die „am Meer" (vom wendischen „po morje") Wohnenden sind es, die dem noch unbe-

rühmten Landstrich den Ruf-, seinen Menschen den Familiennamen geben. Ein tüchtiges Volk, von dem der frühe Chronist Thomas Kantzow berichtet, daß es „selten seint von frembden Hern bezwungen", was in jenen Tagen durchaus etwas bedeutete, und daß „selten frembde Lewte zu ynen khomen, darvon sie besser sitten geleret". Für die geschichtliche Entwicklung gleichermaßen wichtig sind die ostslawischen Polani oder Polen (Feldbewohner, Inländer), die an der mittleren Weichsel und im Warthe-Netze-Raum ein eigenes Staatsgefüge bilden.

Den Gepflogenheiten der Zeit entspricht, wenn Pommern (das Land) und Pomoranen bereits jetzt nicht zur Ruhe kommen. Im 10. Jh. dringen Wikinger unter dem Dänen Harald Blauzahn hier ein, um auf Wollin ein festes Haus anzulegen. Um die Jomsburg herum wird gehandelt, hier übt sich der nordische Tell, Dänemarks Held Palnotiki im Apfelschuß. Von Wollin aus stoßen die Schiffe mit den

Drachenköpfen in See, tyrannisieren die Räuber aus dem Norden die Ostseeküste. (Eines der Wikingerboote bleibt im Lebamoor zurück, um eines Tages als Ausstellungsstück im Stettiner Königstor zu landen). Polens Boleslaw Chrobry erscheint an den Gestaden der Ostsee, deutsche Fürsten machen sich zu Slawenzügen auf, gibt es seit Kaiser Otto I. dem Großen doch so etwas wie eine ostdeutsche Kolonisationspolitik.

Zu den Anfängen des polnischen Staates gehört ein geradezu inniges Verhältnis zwischen Polen und Deutschen. Westlich orientierte slawische Herrscher heiraten deutsche Prinzessinen, deutsche Geistliche missionieren das Land, deutsche Edelleute – *„Herr Gott, nehme Dich der edlen an, / der Ritterschaft vom deutschen Stamm"* – verrichten in Polen Kriegsdienst. Die polnische Kirche bleibt so lange dem Erzbistum Magdeburg unterstellt, bis Kaiser Otto III. durch die Begründung des Erzbistums Gnesen die polnische Nationalkirche stiftet. Mit Gnesen soll das Land enger an das Zentrum des Christentums angeschlossen werden, was Ottos Vorstellung eines von Rom regierten christlichen Weltreichs entspricht. Politisch bleibt das westliche Polen, abgesehen von der Herrschaft Boleslaw Chrobrys und sicher etwas grob gesehen, ein Lehen des römisch-deutschen Kaiserreichs, bis dieses mit dem letzten Hohenstaufer zusammenbricht. Wenn sich jetzt „keine anderen Völker freundschaftlich so nahe sind wie Deutsche und Slawen" (der polnische Bischof Bogufal), so sollte sich erst im zukünftigen Widerspruch ein Stück Geschichte formen.

Ziel der zivilisatorisch überlegenen Polen bleibt es, aus heidnischen Ostseeslawen polonisierte Christen zu machen. Doch als Boleslaw III. „Schiefmund", der „Herzog von Polen und Feind aller Heiden", das Land bis zur Peene erobert hat, schickt er den Pommern mit dem

*Grimmen an der Trebel mit der Backsteinkirche St. Marien (um 1933). 1267 erstmals genannt, von 1648 bis 1815 bei Schweden, bleibt die Stadt an der alten preußischen Staatsbahnlinie Berlin–Stralsund vom Zweiten Weltkrieg verschont.*

Bamberger Bischof Otto einen Deutschen zur Mission. Otto (der Heilige), der am polnischen Herzogshof als Kaplan gedient hat, beruft sich auf den Schutz Wartislaws I., wofür Pommerns erster nachweisbarer Herzog später von einem Heiden recht patriotisch erschlagen wird.

Die ersten „Wennen" (pommersch für Wenden) werden am Ottobrunnen bei Pyritz getauft, woraus der Stettiner Schriftsteller Hans Hoffmann rund 750 Jahre später schloß: *„Vor Zeiten Bischof Otto fand / Den Weg ins wilde Pommerland; / Vom fernen Bamberg zog er her / Und nahm es in die Christenlehr'. / Man merkte da die erste Spur / Von Pommerns künft'ger Hochkultur."* Am Johannistag des Jahres 1124 zieht der „Bischof der Pommern" in der Burg Cammin ein, um rund 3000 Personen dem Christentum zuzuführen. Nachdem er in Wollin auf Widerstand stößt, weicht er nach Stettin aus. Von dort dringt er nach Kolberg und Belgard im mittleren Hinterpommern vor.

Nachdem Otto das Land wieder verlassen hat, kommt es dort zur Restauration heidnischer Bräuche, zum Aufstand gegen den „deutschen Gott" (zumindest im Westen hat sich das Wort „deutsch" gerade eingebürgert). Des Bambergers zweite Missionsreise erfolgt im Auftrag des Magdeburger Erzbischofs und des deutschen Königs Lothar von Supplinburg. Otto tauft rund 22 000 Heiden und läßt in Stettin eine erste Holzkirche zurück. Der Stein, auf dem er während der Missionierung gestanden haben soll, würde unter kommenden Generationen ungezählte Bewunderer finden.

Im 12. Jahrhundert wird zuerst Wollin (Julin), aus Gründen der Sicherheit dann Cammin Bischofssitz. Benediktiner haben sich in Stolp, Prämonstratenser in Gramzow und

Grobe auf Usedom niedergelassen. In Stettin unterhalten die deutschen Kaufleute bereits eine eigene Kirche. 1199 gründen dänische Mönche dort, wo der Ryck ins Dänische Wiek mündet, das nachmals so berühmte Kloster Eldena, die Mutter von Grippeswalde oder Greifswald. Ab 1210 bauen Zisterzienser an der Klosterkirche von Kolbatz. Sie wählen dafür den Basilika-Stil, der dem Armutsideal des Ordens entsprechend anstelle eines Turms die hohe Hauptfassade hat.

Mit dem Einzug des Christentums beginnt die Besiedlung durch deutsche Ostwanderer. Der durch die polnische Bedrohung verunsicherte wendische Adel sucht einen Rückhalt im Reich. Als Friedrich I., die große Kaisergestalt des deutschen Hochmittelalters, Herzog Bogislaw I. mit Pommern belehnt, ist ein Wende „deutscher" Reichsfürst, sein Land staatsrechtlich Teil des römisch-deutschen Reichs.

Nachdem die christlichen Pommern ihr Verhältnis zu den christlichen Deutschen geklärt haben, entsteht ihnen mit Dänemark, das die Odermündung besetzt, ein neuer Gegner. Erst die Schlacht bei Bornhöved, in der ausgerechnet Waldemar II. der Siegreiche geschlagen wird, gewinnt das deutsche Neuland an der Ostsee zurück.

Neben Polen und Dänen haben schon zu diesem Zeitpunkt auch die Brandenburger ihr Interesse auf Pommerns Küste angemeldet. Vom Kaiser erhalten sie 1231 die Lehnshoheit über das Land. Als diese rund 250 Jahre später erlischt, bleibt den Brandenburgern – und man sollte es sich merken – die „Eventualerbnachfolge". Eventuell für den Fall eines Aussterbens des pommersch/wendischen Greifengeschlechts.

*Blick in die Bahnhofstraße von Wolgast/Kreis Greifswald (um 1939). Die frühe Residenz der Herzöge von Pommern-Wolgast wurde im Dreißigjährigen von den Dänen gebrandschatzt, im Schwedisch-Polnischen vom Großen Kurfürsten zerschossen und im Nordischen Krieg von den Russen zerstört.*

*Seite 33: Das Rathaus von Greifswald, anstelle eines mittelalterlichen Bauwerks im 18. Jh. im barocken Stil gebaut. Die Stadt am schiffbaren Ryck wird 1945 unzerstört der Roten Armee übergeben.*

*Züssow/Kreis Greifswald: Feldsteinkirche aus dem 14. Jh. (der im 18. Jh. zerstörte Kirchturm ist unersetzt geblieben). Der Landkreis Greifswald, seit 1648 bei Schweden, kommt 1815 zu Preußen und geht nach dessen Auflösung 1945 an das Land Mecklenburg.*

## Die deutsche Ostbewegung

Um 1200 erreicht die deutsche Ostbewegung die Oder auf ihrer ganzen Länge, ein paar Jahrzehnte später ist Hinterpommern kolonisiert. Die Aufsiedlung verläuft friedlich, die Ostwanderer – „niemczi" (Stumme) genannt, weil sie slawisch angesprochen nicht antworten können – lokken Bodenverteilung, Rechtsstellung und Freiheiten, kein unmittelbares politisches Ziel. Pommerns Herzöge und Adel versprechen sich von den Deutschen die beschleunigte Erschließung des Landes.

*„Nach Ostland woll'n wir reiten, / nach Ostland woll'n wir gehn, / frisch über die grüne Heiden, / ja über die Heiden, / dort werden wir besser uns stehn".*

Bauern, Handwerker und Bürger aus dem überfüllten Altreich treffen in kleinsten Einheiten, in Wellen und Schüben ein. Die einst von Slawen aufgeworfenen Erd- oder Burgwälle wie in Wolgast, Demmin, Spantekow, Gartz oder Usedom werden zu Fundamenten deutscher Landstädte und Dörfer. Pommerns frühe Siedlungen sind identisch. Der Grundriß ist schachbrettartig, im Zentrum immer der Marktplatz, auf dem sich die Straßen kreuzen. Um den Markt – marxistisch gesehen – die Häuser des Kapitals, eben jener der Bürger, die es sich leisten können, im Zentrum zu wohnen. Beim Markt steht die Hauptkirche des Orts, allerdings nie so nah am Geschehen, daß sie vom weltlichen Handel und Trödel gestört werden könnte.

Der Bauer führt in friedlich träumender Landschaft den eisernen Scharpflug ein, dazu die Dreifelderwirtschaft, die der ungeregelten Feld-Gras-Folge überlegen ist. Der Mönch verbessert den Obst- und Gemüseanbau und wendet sich der Viehzucht zu. Die weit vorgeschobenen Klöster des Ordo Sancti Benedicti, die grauen Mönche der Zisterzienser oder die Chorherren der Prämonstratenser siedeln in Verbindung mit deutschen Mutterhäusern den Landsmann auf ihrem Grundbesitz an. Der Kaufmann gründet die mit Lübischem oder Magdeburgischem Recht versehene Stadt, holt sich Bauleute aus dem Reich, die den harten, dauerhaften Backstein formen, in der Vermengung verschiedener Stile die norddeutsche Backsteingotik schaffen. Es ist die trutzige Kunst als schönste Selbstdarstellung des Bürgertums, die Pommerns Städte architektonisch in den norddeutschen Siedlungsraum einreiht.

Bereits um 1250 sind fast alle Städte erwachsen, die bis in unser Jahrhundert hinein Handel und Wandel des Ostseeraums bestimmen: Lübeck und Rostock im Westen, Riga und Reval im Osten, dazwischen Stettin und

Stralsund, Danzig und Elbing. Für ihr Wesen und Werden bedeutungsvoll ist die Mitgliedschaft in der Hanse, deren Koggen die Ostsee erschließen ...

Zu Beginn des 14. Jahrhunderts steht der von Konrad von Masowien gegen „die heidnische, höchst unbändige Nation" der Prussen gerufene Deutsche Orden mitten in seiner weltgeschichtlichen Rolle. Während des ge-

nerell unergiebigen 3. Kreuzzugs vor Akkon gegründet, haben sich die Deutschherrn bereits als tüchtige Kolonisatoren und intelligente, hin und wieder selbst modern agierende Organisatoren erwiesen. Wie sie mit Schwert, Kreuz und Maurerkelle „Christen machten", entsprach – mit Kaiser Wilhelm II. (1902) – der „Blüte deutscher Leistungsfähigkeit". Es ist die Übernahme des zwischen Polen

*Im Hafen von Anklam, bis 1945 ein Umschlagplatz für landwirtschaftliche Produkte. 1243 erstmals urkundlich erwähnt, nach dem Dreißigjährigen Krieg schwedisch, wird Anklam 1720 von Preußen erworben.*

und Brandenburg umstrittenen Pommerellen, durch die der priestlich-ritterliche Familienverband jetzt eine für den Ordensstaat lebenswichtige Landbrücke zum Reich erhält. Historisch schwerer wiegt allerdings, daß damit in Zukunft ein ungebrochener deutscher Wall dem polnischen Staat jeden Zugang zur Ostsee versperrt.

Die Ordensritter richten sich im Osten Pommerns ein. Vom Grafen Nikolaus von Ponitz erwerben sie das Schlochauer Land, wo sie mit drei Vorburgen und einem Hochschloß ihre stärkste Wehranlage links der Weichsel bauen. Von der stolzen Trutzburg der Deutschherrn sollten gerade die Schlochauer dann auf Ge-

nerationen hinaus profitieren. Immer wieder von Brandkatastrophen heimgesucht, tragen sie die Ordensfeste Stein für Stein ab, um sich damit ihre Stadt neu aufzubauen. An der Schwelle des Mittelalters zur Neuzeit kaufen die Ordensritter von Brandenburg die Neumark, das von Polen und Pommern umkämpfte Land zwischen Oder und Warthe. Wahrscheinlich sind sie es auch, die Schloß Falkenburg anlegen, vom schwarzen Ritter Heinrich von Borcke ins Gespräch gebracht, bevor es eines Tages zu Pommern kommt.

Als der Zug nach Osten verebbt, ist Pommern dünn besiedelt geblieben. Jedem echten Zuwachs stehen

*Gotisches Giebelhaus am Anklamer Markt. Von westfälischen und niedersächsischen Kolonisten im Anschluß an eine wendische Siedlung angelegt, erfreut sich Anklam lange reicher Privilegien durch die Herzöge von Pommern. Erst der Dreißigjährige Krieg setzt dem Wohlstand der Stadt ein Ende.*

*Der Marktplatz von Ueckermünde. 1223 urkundlich erstmals erwähnt, erhält Ueckermünde wahrscheinlich 1260 durch den Herzog von Pommern Stadtrecht. Seit 1720 bei Preußen erlebt die Stadt unter Friedrich dem Großen durch die Einrichtung verschiedener Manufakturen eine Blütezeit.*

Schlachtenlärm und Pestilenz entgegen. Alleine zwischen 1348–51 fällt ein Drittel der Bevölkerung dem Schwarzen Tod zum Opfer. Dazu kommen Streitigkeiten mit dem Nachbarn, die den Schlachtruf „Horsa Brandenburg" (die Märker in Pasewalk) gegen „Horsa Stettin" (die Pommern in Gartz/Oder) stellt. Für Nachgeborene von Bedeutung bleiben allerdings nur Pasewalks Turm „Kiek in de Mark", mit dem die Pommern – *„Kiek in de Mark un trure nich, Markgraf Friedrich, de deet di nicks"* – Friedrich (Eisenzahn) verhöhnten, und jenes „Horsa", aus dem sich das gesamtdeutsche „Hurra" entwickelt hat.

Der angesammelte Gegensatz zwischen Deutschen und Polen entlädt sich im Juli 1410 in einer der blutigsten, dann auch folgenschwersten Feldschlachten des Mittelalters. Beim ostpreußischen Grünfelde und Tannenberg (im späteren Kreis Osterode) besiegen Litauer und Polen mit dem Marienlied „Boga Rodzicza" auf den Lippen das unter der Fahne des heiligen Georg kämpfende rein deutsche Ordensheer. Während die Polen in Zukunft vom „Sieg der Slawen über das Deutschtum" sprechen, gibt der Geistliche Jan Dlugosz (1415–1480) dafür allein der höheren Macht die Ehre. „Ihres Sieges gewiß und nicht Gott um diesen bittend, mehr mit dem künftigen Triumph als mit der Schlacht beschäftigt", waren die Deutschherren von vornherein ohne jede echte Chance gewesen. „So hat Gott ihren Hochmut gerecht bestraft" (Jan Dlugosz).

Für die Unterstützung der slawischen Seite erhält der Hinterpommer Bogislaw III. von Polenkönig Jagiello Schlochau, Bütow, Baldenburg, Hammerstein und Schievelbein. Im Gegensatz dazu endet der vorpommersche Herzog Kasimir VI. von Stettin in der Gefangenschaft, hatte er doch mit etwa 600 Reitern auf der falschen Seite in die Schlacht eingegriffen.

Im dreizehnjährigen Bündner- oder Städtekrieg wird der Orden – wiederum mit Hilfe von Pommern – dann ein weiteres Mal besiegt, womit die eigentliche Macht der Deutsch-herrn für immer gebrochen ist. Polen gewinnt Pommerellen, Kulmerland, Ermland, Marienburg und die Lehns-oberheit über (Ost-)Preußen ...

Haben sich einzelne Vor- und Hinter-pommern um 1300 noch durchaus auch auf wendisch unterhalten, hat sich rund 100 Jahre später das Deutsch des flachen oder „platten" Landes als Umgangssprache durchge-setzt. Slawen, die in die deutschen Städte ziehen, bringen die Bereit-schaft mit, dort aufzugehen. Bis zu jenem Tag, an dem die Zünfte die Aufnahme Nichtdeutscher ablehnen, wird schnell und gezielt assimiliert. Als das von Herzog Wartislaw IX. von Pommern-Wolgast in Auftrag gege-bene Geschichtswerk „Pomerania" erscheint, heißt es darin auch aus-drücklich „... ne quis nos addat Polo-nis" ... auf daß den Neustamm der Pommern niemand den Polen zu-rechne!

Der gleiche Wartislaw stiftet – vom lokalen Bürgermeister Rubenow be-trieben, vom Papst besiegelt – die Universität Greifswald. Bevor sie zum geistigen Mittelpunkt der gesamten Region wird, urteilt Thomas Kantzow in seiner Chronik allerdings noch: „Gripswald ist auch zum Mehrereteil eine mawrte Stadt und etwas weniger als Stettin, hat 3 Pfarrkirchen, 2 Clo-ster und eine Universitet. Die Burger seint auch mehr der Kauffenschaft und Segelation zugethan als den Stu-diis; darum leidet die Universitet nicht weinig Hinderung ires Gede-yes."

## Das Zeitalter der Reformation

Johann Bugenhagen studiert in Greifswald, wird Rektor an der Stadt-schule in Treptow an der Rega, die der dortigen Prämonstratenserabtei

*Ueckermünde: Am Hafen. In der Nähe der Mündung der Uecker in das Kleine Oderhaff war Uecker-mündes Schiffsbau zur Zeit der Segler führend in Pommern. Ohne den Wandel zum Dampf-schiffbau mitzumachen, konzentriert sich die Stadt im 19. Jh. auf die Bau-industrie.*

*Pasewalks Stadtturm „Kiek in de Mark" (1445). Pasewalk ist jahrhundertelang Zankapfel zwischen Pommern und Brandenburg, was die Bürger der Stadt zum Ausbau der Befestigungsanlagen zwingt. Pasewalks bekanntester mittelalterlicher Turm ist der „Kiek in de Mark".*

untersteht. Nach der Priesterweihe Lektor in der Mönchslehranstalt Belbuck macht ihn die Lektüre der „Babylonischen Gefangenschaft der Kirche" zum Reformator. Er wird Stadtpfarrer von Wittenberg und Luthers Beichtvater, schreibt nord- und mitteldeutsche Kirchenordnungen, wirkt in Hamburg, Lübeck und – zusammen mit Melanchthonschüler Jakob Runge – im heimatlichen Pommern. Hier ist die Bevölkerung bereits mehrheitlich protestantisch, als der Landtag zu Treptow gegen den Widerstand des katholischen Bischofs Erasmus von Manteuffel die Reformation einführt.

Es ist die Übernahme der neuen Lehre, die Pommerns Geschichte in Zukunft kräftig mitbestimmen sollte. Bugenhagen mochte es zwar anders vorausgesehen haben, doch gleichzeitig mit der Reformation breitet sich auch die Leibeigenschaft aus. Pommerns großer, kleiner und kleinster Adel, dem schon Kantzow bestätigt hatte, daß „seit das Land bestanden, er so reich und mächtig nicht gewesen ist wie jetzt", nimmt an sich, was die katholische Kirche aufgegeben hat. Danach nutzt er sein politisch-soziales Standeselement, um mit verheerender Raublust, doch rechtlich abgesichert, die Bauern zu enteignen: „Hufen, Äcker, Wiesen usw. gehören einzig und allein der Herrschaft und Obrigkeit jedes Ortes und die Bauern haben keinerlei Nutzungsrecht auf sie, selbst wenn sie oder ihre Vorfahren die Hufe über 50, 60, und auch wohl 100 Jahre bewohnt haben ... Wenn aber die Bauern ihrer Höfe entsetzt und Vorwerke darauf angerichtet werden, muß der Bauer ohne Widerrede weichen und den Hof nebst Äcker, Wiesen und allen Zubehörungen der Herrschaft überlassen."

*„Denn fehlt dat an Grütt, / denn fehlt dat an Mehl, / denn fehlt dat an dit / und an dat noch so veel!":* Der an die Scholle gebundene „Bur", der im Rahmen der Ostbewegung das deutsche Siedlungsgebiet verdoppelt hatte, wird „gelegt", sinkt verelendet und erniedrigt auf die Stufe des Leibeigenen. Dem Gutsherrn ist Handgreifliches wie „väterliche Züchtigung bei Ungehorsam, Faulheit und Mutwillen" erlaubt.

Als Antwort auf das Bauernlegen kommt es zu sozialen Unruhen, wandern viele Bauern ins Polnische aus. Erst als dort die Gegenreformation forciert wird, flüchten sie wieder nach Pommern zurück. Bis ins 20. Jahrhundert bleibt Pommerns Siedlungsbild vom Fehlen bäuerlichen Besitzes auf großen Flächen geprägt. Reich an Gutssiedlungen sollte auch das schwedische Vorpommern bleiben, wo das „Unter den drei Kronen ist gut wohnen" einer Minderheit vorbehalten ist …

1618 erben die brandenburgischen Kurfürsten das Herzogtum (Ost-) Preußen, ein in seiner Bedeutung kaum zu überschätzendes Ereignis für Mitteleuropa. Es ist das Jahr, in dem Böhmens Stände unter der Führung des Grafen Thurn die Statthalter des römisch-deutschen Kaisers aus dem Fenster des Hradschin werfen, allgemein als Auftakt zum Dreißigjährigen Krieg gesehen. Die Landsknechte des Feldherrn Albrecht von Waldstein/ Wallenstein lassen das Küstenland nicht allzu lange auf sich warten.

Ohne ein eigenes schlagkräftiges Heer im ohnehin nicht sehr starken Rükken muß Pommernherzog Bogislaw XIV. 10 kaiserliche Regimenter bei sich einquartieren (an protestantischen Protestnoten an den katholischen Kaiser hat es nie gefehlt). Aus Greifswald am Südufer des Ryck, das 4 Jahre lang besetzt ist, schreibt die Bürgerschaft dem Herzog: „Wir werden von Tag zu Tag dergestalt beängstigt und belästigt, daß wir viel lieber tot wären, als in solcher Not und Drangsal länger zu leben wünschen und begehren möchten."

Der Zerstörungswut der Wallensteiner fällt die Architektur des Klosters Eldena, die unter wüsten Fehden bereits vorher gelitten hatte, endgültig zum Opfer. In Stargard fließt das Blut in solchen Strömen, daß ein Stadtturm in Zukunft das „Rote Meer" genannt würde (in dem er der Überlieferung nach gestanden hat). Nur die Stralsunder um Bürgermeister Steinwich wehren sich mit Erfolg, können dann auch ungestört „bei der wahren Religion augsburgischer Confession verharren". Wallenstein, der mit 25 000 Mann und dem Schwur „Und wenn Stralsund mit Ketten an den Himmel geschmiedet wäre, so will ich es doch herabreißen" hier aufgezogen ist, gelingt es nicht, die Stadt am Strelasund zu nehmen.

Gustav Adolf aus dem Hause Wasa landet mit einer 15 000 Mann starken Invasionsarmee in Peenemünde auf Usedom. Die protestantischen Pommern öffnen den protestantischen Schweden ihre Städte und Festungen … zumindest das, was nach den Verheerungen der Kaiserlichen noch Stadt oder Festung ist. Greifswald sollte den Tag der Befreiung noch 200 Jahre später ganz offiziell als Perusius-Fest feiern: Oberst Wallensteins, war der Perusius bei den Kämpfen auf dem Rosental gefallen! Als die deutschen Fürsten, gerade auch jene von Brandenburg und Sachsen, die Unter-

*Cammin: das Rathaus (14. Jh.). 1124 hatte Otto von Bamberg hier eine Kirche gegründet, 1175 verlegte der pommersche Bischof seinen Sitz von Wollin nach Cammin an der Dievenow. Cammin, seit der Entdeckung starker Quellen Sol- und Moorbad, wird im Zweiten Weltkrieg schwer zerstört.*

*Albrecht Wenzel Eusebius von Waldstein-Wallenstein (1583–1634), habsburgischer Politiker und kaiserlicher Generalissimus. Beim Versuch, Stralsund einzunehmen, verliert Wallenstein rund 12 000 Mann.*

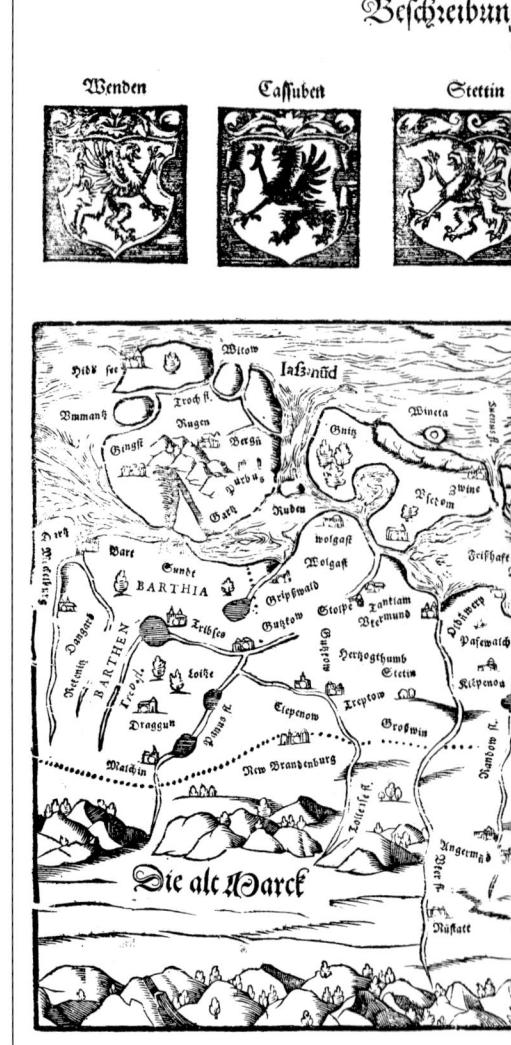

stützung Gustav Adolfs ablehnen, schließt er im pommerschen Bärwalde einen Unterstützungsvertrag mit Frankreich.

Nachdem sich der Krieg, der jedem 3. Pommer das Leben kostete, eines Tages totgelaufen hat, ist Pommern zerstört, verwahrlost und entvölkert. Das Durchzugsland der Schweden hat neben der Pfalz, dem Durchzugsland der Franzosen, am meisten gelitten. Pasewalk, Penkun und Wollin sind von Kaiserlichen, Wolgast von Dänen, Ueckermünde von Schweden niedergebrannt. Zerstört liegen Pribbernow und Schivelbein. Anklam, die von westfälischen und niedersächsischen Siedlern angelegte Stadt, schon 1283 Mitglied der Hanse, hat jeden Wohlstand eingebüßt ... „Pommerland ist abgebrannt", woran Kinderstimmen in allen deutschen Gauen noch 350 Jahre später erinnern.

Während des Kriegs ist mit dem Tod Bogislaws XIV. das pommersche Greifengeschlecht im Mannesstamm erloschen, womit den brandenburgischen Kurfürsten die Erbfolge zusteht. Der Westfälische Frieden, der das römisch-deutsche Reich in rund 350 Staaten aufteilt, spricht Vorpommern (ein Begriff seit 1653) und die 3 Odermündungen mit Rügen, Usedom und Wollin allerdings Schweden zu. Brandenburg erhält Mittel- und Ostpommern mit Stargard als Hauptstadt: Ein Teilerbe nur, doch den Kurfürsten ist damit der unmittelbare Zugang zur Ostsee gesichert. Es ist der schnelle Ausbau der hinterpommerschen Stützpunkte bis an die Grenze Westpreußens, der die Integration des fernen (Ost-) Preußen in den Gesamtstaat fördert.

Gekämpft, belagert und geteilt wird weiterhin. Die Schläge der Geschichte stellen brandenburgische

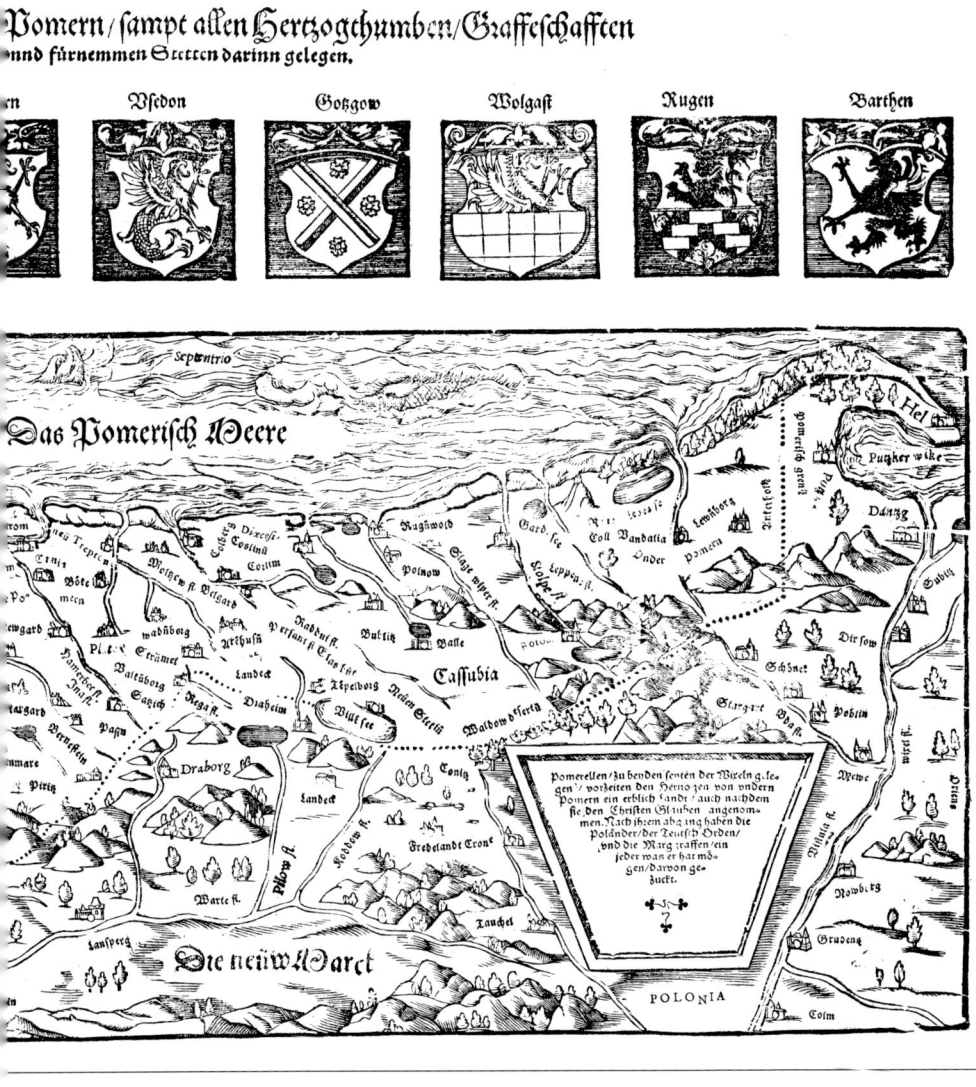

*Pommernkarte des Ingel-
heimer Theologen und
Geographen Sebastian
Münster in Zusammenar-
beit mit Peter Artopaedus
aus dem Jahr 1540.*

Hinter- gegen schwedische Vorder-
pommern, bringen russische, sächsische und andere Heere ins Land. Ein
Grund dafür ist, daß sich Brandenburgs barocker Friedrich Wilhelm,
von Gott und der Welt bewundernt-
ironisch der Große Kurfürst genannt,
die Eroberung Stettins zum vergeblich verfolgten politischen Ziel
macht. Mit dem Kern der späteren
preußischen Armee erregt er bei Warschau und Fehrbellin zwar europäi-
sches Aufsehen, Stettin, das im Dezember 1677 vor ihm kapituliert, muß
er im Vertrag von St. Germain trotzdem wieder an Schweden zurückgeben. Im Pommerschen erhält er dafür
Bahn, Greifenhagen und Cammin.
Erfolgreicher ist der pragmatische
Schaukelpolitiker mit seiner Politik
wechselnder Koalitionen, mit der er
die völkerrechtliche Anerkennung
der preußischen Souveränität erreicht. An der Heimatfront legt Friedrich Wilhelm gegen den Widerstand
der Städte, des Adel und der Stände
die Grundlage zum preußischen
Staat, auf dem sich das zweite Kaiserreich aufbaut. Brandenburg und Preußen sowie das dazugewonnene Hinterpommern, Minden und Magdeburg
werden durch die Einrichtung einer
Zentralverwaltung in Berlin und die
Abschaffung der ständischen Mitre-

*Blick auf Swinemünde im Kreis Usedom-Wollin, mit der Anlegestelle im Vordergrund. Eine Gründung Friedrichs des Großen an der Stelle des Dorfs Westswine, wird das aufstrebende Swinemünde ab 1743 genannt.*

gierung zum absolutistisch regierten Gebilde. Kolberg erhält eine Ritterakademie für die Ausbildung der aristokratischen Führungsschicht (von Friedrich I. wie so vieles andere auch eines Tages nach Berlin verlegt.)

Bei all den Kriegshandlungen des Jahrhunderts kaum verwunderlich, daß bei den Pommern das „Volltrinken" wieder in Mode gekommen ist. Hatte Kantzow noch gelobt, „daß die schändliche, grobe Weise des Volltrinkens nunmehr abgekommen sei, obgleich dasselbe noch immer in vollem Schwunge ist", war jetzt der Zeitpunkt, zu dem Sprichwörter wie „Im Winter säuft der Pommer so tüchtig wie im Sommer" oder „Ein pommerscher Magen kann alles vertragen" Volksgut werden. Die Landsmannschaft ist vorbelastet, schon Wendengott Swantevit wurde am liebsten mit einem großen Trinkhorn in der Hand nacherlebt. Was der Pom-

mer säuft, spielt dabei keine Rolle, kann Bier, Obst-, Rüben-, Weizen-, Korn-, Gerste-, Kartoffelschnapps, ein Magenbitter aus Wermutessenz und Korn oder jener Fuselschnaps sein, wie ihn die Kaschuben lieben und selbst noch ins Grab mitnehmen. Dr. Mampes berühmte „Bittere Tropfen", erstmals in Stargard hergestellt, kommen in späteren Tagen hinzu.

In pommerschen Landen können – ziemlich einzigartig auf der Welt – Zölle mit Bier entrichtet, Strafen mit Bier abgegolten werden. Zu den Grundgerechtigkeiten, die sich an Haus und Hof knüpfen, gehört das Brauurbar, nach dem zum Eigenbedarf frei gemälzt und gebraut werden darf. Nicht immer entspricht das Endprodukt allerdings höheren Ansprüchen. Unter der Herrschaft Friedrich Wilhelms I. werden erhebliche Versuche unternommen, um die Qualität des pommerschen Biers zu verbes-

sern, da das bodenständige den Soldaten des Soldatenkönigs „den Kopf
ganz toll und voll machte".

Wenn weniger vom Rebensaft die
Rede ist, so nur, um Freunden guten
Weines reinen Wein einzuschenken.
Natürlich haben es auch die Pom-
mern mit der Weinrebe ernstlich ver-
sucht, bereits 1278 wird in Grabow
(Groß Stettin) ein Weinberg genannt.
Was daraus wurde schildert Hans
Hoffmann in seinem vom Wetterver-
lauf des Küstenlands geprägten
„Oderwein":

*„Man schnitt, man kelterte den Wein,
/ Man füllte ihn in Fäßlein ein, / Ließ
gären ihn ein stilles Jahr, / Bis daß er
reif zum Trinken war. / Drauf hub ein
sehr verwegner Mann / Mit Vorsicht
ihn zu kosten an. / Doch was dem
ärmsten da geschehn, / Das war er-
bärmlich anzusehn. / Es ward, wer
nur von weitem stand, / Von heißem
Mitleid übermannt, / Und fühlt ein*

*Rühren schmerzenreich, / Dem
schwersten Katzenjammer gleich ..."*
Der praktischen Art der Pommern entspricht jetzt, daß sie ihren Wein ander-
weitig verwenden. Sie legen ihre ach
so berühmten pommerschen Heringe
hinein, was – vorausgesetzt die Geschichte stimmt – als Geburtsstunde
des sauren Herings gelten kann!

**Das Jahrhundert Friedrichs
des Großen**

Unter Friedrich Wilhelm I., dem Puri-
taner auf dem Königsthron, beginnt
der Aufstieg Brandenburg-Preußens
zu einer führenden europäischen Mi-
litärmacht. Friedrich Wilhelms Vor-
stellungen von soldatischen Tugenden, Gehorsam und Pflichterfüllung
setzen die Maßstäbe für ein zukünfti-
ges Preußentum. Der absolute Herrscher befiehlt rigorose Sparmaßnah-
men und die Besteuerung des Adels,

*Am Hafen von Swine-
münde. Ein dünen-
geschützter Hafen an der
Mündung der Swine in die
Ostsee wird bereits im
13. Jh. erwähnt. Unter
schwedischer Herrschaft
versandet, läßt Friedrich
Wilhelm I. die Swine für
die Schiffahrt wieder ver-
tiefen. 1746 wird Swine-
münde zum preußischen
Seehafen erklärt.*

*Swinemünde: das städtische Kurhaus an der Strandpromenade, Mittelpunkt des gesellschaftlichen Lebens der Stadt. Deutschlands größtes Ostseebad wird 1945 während eines Luftangriffs der US Air Force schwer zerstört. Rund 25 000 Menschen verlieren dabei das Leben.*

verbessert das Schulwesen und macht erhebliche Anstrengungen, um das Land neu zu peuplieren, was sich Berlin eine ganze Reihe Schwanzdukaten kosten läßt. Er setzt sich im Deutsch seiner Zeit – „Ich ruiniere die Junkers ihre Autorität" – für die Bauern ein, verbietet den Untertanen Zeitungen und selbst noch die Hexenprozesse.

Von letzteren hatten die Pommern bis dato regen Gebrauch gemacht, standen ihren großen Frauengestalten im Fürstengemach doch lange lokale Frauenzimmer gegenüber, die jenes Etwas an sich hatten, was ihre Landsleute als „Nachtmahr" verfolgte. Tatsächlich keifen Hexen durch die Landesgeschichte, fährt Verhextes aus dem Pommerschen immer wieder einmal direkt in die Hölle. (Nicht nur Spötter wollten darin den eigentlichen Grund sehen, warum man sich in Vorpommern lange nicht mit Ringen, sondern mit Gesangbüchern verlobte!)

Jahrhunderte hindurch hielten Pommerns Hexen ihre Jäger so auch auf Trab. In Marienfließ starb Bolde Albrechts, in Gurkow die Witwe Pipperli, in Grimmen die schöne Anna Maria Hermann, um nur einige zu nennen, wobei aus Gründen der Fairneß zu berücksichtigen ist, daß gelegentliches Auffüllen einer Verdächtigen mit heißer Heringslake zum Geständnis beitragen konnte. Pommerns bekannteste „Hexe" ist Sidonia von Borcke geblieben, eine 84jährige Nonne aus altem Adelsgeschlecht, die 1620 mit grausigem Spektakulum vor dem Stettiner Mühlentor hingerichtet wurde. In ihrem Nachlaß fand sich Stoff für Sagen und Geschichten, die Pommerns dichtender Pfarrer Wilhelm Meinhold in seiner „Bernsteinhexe" verarbeitete.

Wie kein anderer zuvor glaubt Friedrich Wilhelm I. an die hohe Bestimmung Preußens, dessen Name mehr und mehr für den hohenzollerschen Gesamtstaat steht. Im Nordischen Krieg, in dem sich Preußens Machtanspruch gegenüber Pommern entscheidet, läßt er den Fürsten Leopold I. von Anhalt-Dessau Rügen und Stralsund erobern. Der Frieden zu Stockholm spricht ihm gegen 2 Millionen Taler Vorpommern bis zur Peene, Stettin, die Inseln Usedom und Wollin und das Haff mit den Odermündungen Dievenow und Swine zu, in Zukunft Altvorpommern genannt.

In seinem politischen Testament sollte der Monarch vermerken: „Die pommerschen Wasallen seindt getreue wie goldt, sie Resonnieren wohl bisweilen, aber wen mein Successor saget, es soll sein und daß Ihr Sie mit guthen zurehdet, so wierdt Keiner sich da wieder Mowiren gegen Eure Befehle." Zu Mowiren trauten sich Preußens Pommern generell nicht, beruhte ihre hervorragende Disziplin doch gerade auch darauf, daß der Soldat im absolutistischen Miltärsystem „pro deo, rege et patria" (für Gott, König und Vaterland) jederzeit „prügelbar" war, nicht selten Vorgesetzte mehr fürchtete als eigentliche Gegner.

*Die „Hansestadt Danzig", ein Schiff des Seedienstes Ostpreußen an der Mole von Swinemünde. In den 20er Jahren für den Personenverkehr gebaut, sinkt das als Minenleger entfremdete Motorschiff 1941 vor der Insel Öland.*

*Dorfgründungen Friedrichs II.: Nach dem für Pommern verlustreichen Siebenjährigen Krieg legt der Preußenkönig in der Provinz 159 neue Dörfer an. Zur „Peuplierung" ruft Friedrich Neusiedler ins Land.*

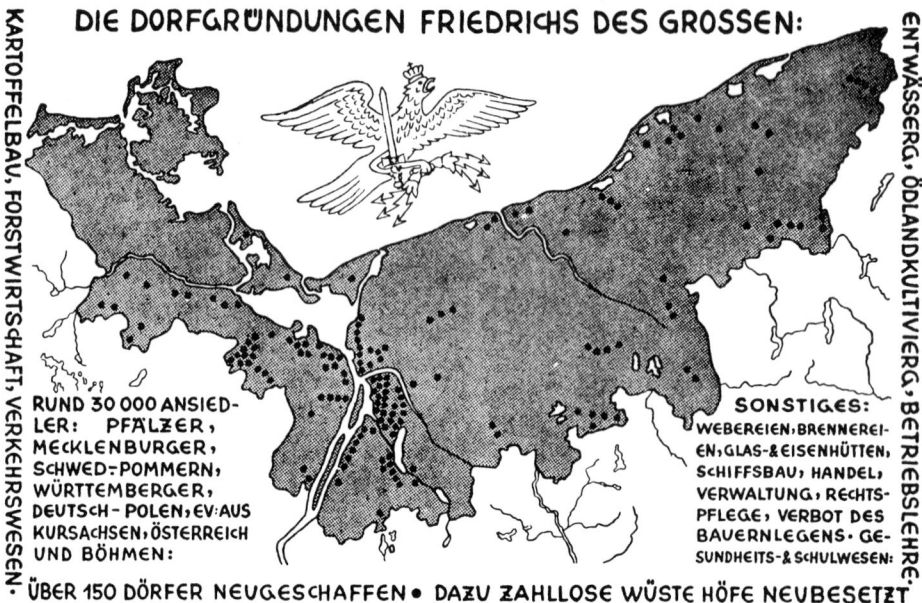

**DIE DORFGRÜNDUNGEN FRIEDRICHS DES GROSSEN:**

KARTOFFELBAU, FORSTWIRTSCHAFT, VERKEHRSWESEN

ENTWÄSSERG, ÖDLANDKULTIVIERG, BETRIEBSLEHRE

RUND 30 000 ANSIEDLER: PFÄLZER, MECKLENBURGER, SCHWED-POMMERN, WÜRTTEMBERGER, DEUTSCH-POLEN, EV. AUS KURSACHSEN, ÖSTERREICH UND BÖHMEN:

SONSTIGES: WEBEREIEN, BRENNEREIEN, GLAS-& EISENHÜTTEN, SCHIFFSBAU, HANDEL, VERWALTUNG, RECHTSPFLEGE, VERBOT DES BAUERNLEGENS. GESUNDHEITS-& SCHULWESEN:

• ÜBER 150 DÖRFER NEUGESCHAFFEN • DAZU ZAHLLOSE WÜSTE HÖFE NEUBESETZT

Entwurf von O. Runkel, gezeichnet von W. Grube

*Friedrich II. der Große (1712–86): Für seine Pommern komponiert Friedrich jenen Marsch, der zur Ruhmesfanfare Preußens wird.*

Nicht erprügelt werden kann, daß die „pommerschen Einländer" hoch genug wachsen, um sich für das berühmte Leibregiment der langen Kerle zu qualifizieren. Investierte der sonst so sparsame König doch gewaltige Summen in Soldaten, die aufgrund ihrer Größe den Vorteil hatten, den Vorderlader schneller zu laden als kürzere. Hin und wieder mußten seine Soldatenwerber so auch über Pommerns Landesgrenze greifen, und etwa unter Polen in der Nachbarschaft preußisch-lange Männer zu rekrutieren. Obwohl das zu diplomatischen Zwischenfällen führte ... die langen Polen kämpften oder exerzierten dann lange als Pommern.

Friedrich II. hat von dem bis zur Grausamkeit strengen Vater einen Staatsschatz von 8.7 Millionen Taler geerbt. Dazu ein schlagkräftiges Heer von 83 468 Mann, das mit eisernem Ladestock und gleichem Gewehrkaliber unter dem alten Dessauer („So leben wir") bereits den revolutionären Gleichschritt übt. Beides legt er in den – im Prinzip gesamteuropäischen – Schlesischen Kriegen gegen überlegene Allianzen wagnis- wie gewinnreich an. Als Friedrich stirbt, hat der Staat der Hohenzollern ein Heer von 240 000 Mann und einen Staatsschatz von 70 Millionen Talern!

Zu keinem Monarchen haben die Pommern ein innigeres Verhältnis als zu Friedrich II., dem durch Krieg und Frieden bekanntesten, sicher auch umstrittensten Regenten Brandenburg-Preußens. Er ist es, der das Bauernlegen verbietet, den Anbau des bis dato für giftig gehaltenen Nachtschattengewächses Kartoffel forciert und die Juden aus dem Wollhandel entfernt, um Preußens Tuchmacher zu schützen. Zur Heilung schwerer Wunden, die seine Kriege schlagen, füllt Friedrich den Neustamm der Pommern mit Pfälzern und Sachsen, Österreichern und Böhmen, Schwaben und Mecklenburgern, Deutschen aus Polen und Posenern auf. Im Pommerschen legt er 159 neue Dörfer an. Und die Pommern revanchieren sich für Gunstbeweise dieser Art. Überall im Land, in Schulen, Straßen und auf Plätzen „friedricht" es. Billerbeck/ Kreis Rummelsburg erhält den sehr preußischen Namen Friedrichshuld, ein Ort im Kreis Schlawe wird nach des Königs Schwester Wilhelmine benannt. Der Patriotismus für das Haus Hohenzollern ist von pommerscher Festigkeit und damit echt.

Am Nachhaltigsten reagieren die Pommern ihre Gefühle allerdings auf den Schlachtfeldern ab. Friedrich sorgt dafür, daß es sie gibt, was Hermann Plötz im „Pommerlied" einmal jubilieren läßt:

*„Alte Feinde, alte Sitten, / Alter Durst und altes Naß, / Trotzge Mauern, heiß-umstritten: / Treue Liebe, treuer Haß ... Helden hat der Ruhm zu nennen, / Bürger, stolz und tatenjung, / Namen, die im Herzen brennen, / Weiht uns die Erinnerung".*

In den beiden ersten Schlesischen Kriegen läßt der König seine Pommern fern der Heimat für sich kämpfen. Bei Hohenfriedberg, wo Friedrichs 58 000-Mann-Heer 70 000 Österreichern und Sachsen das schnelle Laufen beibrachte, müssen sie sich in der schiefen Schlachtordnung besonders tapfer geschlagen haben. Jedenfalls verleiht der Stifter Groß-Preußens dem pommerschen Dragoner-

regiment Ansbach-Bayreuth dafür das Recht, in Zukunft den (wahrscheinlich) von ihm komponierten „Hohenfriedberger Marsch" zu spielen. Daneben durften die Pommern die Zahl der eroberten Fahnen – 66 waren es – in ihr Regimentssiegel aufnehmen. Wer später im Pommerschen nach den Ansbach-Bayreuthern sucht, findet sie unter Pasewalker Königin-Kürassiere 2. Nachdem Friedrich Wilhelm III. das Regiment seiner Gemahlin Luise geschenkt hat, dürfen Offiziere und Mannschaften zu Friedrichs Marschmusik jetzt Luises gekröntes „L" auf der Schulterklappe tragen.

Für den Siebenjährigen Krieg, der auf Pommerns Boden erstmals russische „Ivans" gegen deutsche „Fritzen" hetzt, steht die Notiz Generalfeldmarschalls Graf Alfred von Schlieffen in den „Gesammelten Schriften": „Am Vorabend der Schlacht bei Leuthen

*Blick auf Naugard. Die Kreisstadt im preußischen Regierungsbezirk Stettin lebt vorwiegend vom Handel mit landwirtschaftlichen Erzeugnissen. Ehrenbürger Naugards ist Otto von Bismarck, der bis zu seinem 32. Lebensjahr immer wieder einmal Naugarder Luft atmete.*

*Rathaus und Marienkirche von Stargard. Stargards Rathaus mit seinem gotischen Maßwerk ist ein Schmuckstück der landwirtschaftlichen Handelsstadt. Das rund 700jährige Stargard, dessen einstige Bedeutung an Türmen und Toren abzulesen ist, wird 1945 weitgehend zerstört.*

reitet Friedrich durchs Lager und redet die Truppen an: ‚Nun Kinder, wie wird's morgen aussehen? Der Feind ist noch einmal so stark wie wir.‘ ‚Das laß Er nur gut sein, es sind doch keine Pommern darunter. Er weiß, was die können.‘ ‚Ja freilich weiß ich das, sonst könnte ich die Bataille nicht liefern wollen. Nun schlaft wohl …‘" Unvermeidbar, daß gerade die Pommern die fritzischen Kriege mit einem hohen Blutzoll, einem Übermaß an Menschenschicksal bezahlen. Alleine die in Hinterpommern und in der Neumark stark vertretene Familie Kleist verliert 48 ihrer Söhne. Darunter der Zebliner Dichter Ewald Christian von Kleist, der bei Kunersdorf im Kampf gegen die vereinigten Russen und Österreicher von 3 Kartätschenkugeln getroffen wurde. Von Kleist stirbt in der Gefangenschaft in Frankfurt an der Oder. Während des Begräbnisses legt ein russischer Offizier dem Pommer den russischen Degen auf den Sarg, „da ein so tapferer Krieger nicht ohne Degen begraben werden darf".

Das Ende eines Soldatenlebens, doch lohnt es sich, einen Augenblick bei von Kleist zu bleiben. Schüler im Jesuitenkolleg von Deutsch Krone, Student in Königsberg, dann Offizier im dänischen Heer, wird er von Friedrich dem Großen reklamiert und als Lieutenant in Potsdam angestellt. Er kämpft auf österreichischen, französischen und russischen Kriegsschauplätzen, sucht dazwischen – körperlich leidend, Hypochonder – Trost in der Dichtung. Unter Klopstocks Einfluß ist „Der Frühling" entstanden, dem die „Ode an die preußische Armee" und „Cissides und Paches" folgen. Seit 1756 Major kommt Kleist mit seinem Regiment nach Leipzig. Dort trifft er Lessing, der ihm im bürgerlichen Lustspiel „Minna von Barn-

helm" in der Gestalt des Majors Tellheim ein Denkmal setzt.

Friedrich wiederum liebt Pommern, seinen Menschenschlag und sein berühmtes Federvieh ... die „gaud bradne" Martinsgans für Sanssouci stammt immer aus Rügenwalde. Der Hohenzoller gründet die Kolonie Zinnowitz auf Usedom und richtet im alten Zitz eine Domäne ein. Er ernennt den Demminer Heinrich Schimmelmann zum Heereslieferanten, den Gartzer Johann Gabriel Fredersdorff zum Geheimkämmerer (nach Voltaire das große Faktotum des Königs) und hält sich Schwerin, geboren im schwedisch-vorpommerschen Wusseken, als vertrauenswürdigsten General. (Der Sieger von Mollwitz fällt vor Prag, um im Namen des 3. pommerschen Infanterie-Regiments Nr. 14 weiterzuleben.) Dem Jacobshagener Ludwig Wilhelm Brüg-

gemann, Seelsorger und Lehrer seiner jüngsten Schwester, schenkt Friedrich einen Ring, „weil er Meiner Schwester Liebchen wieder Mores beigebracht hat". Heinrich Graf von Podewils bleibt Außenminister, auch dann noch, als er seinem Herrscher „in tiefstem Respekt" zu verstehen gibt, daß den Rechtsansprüchen des Hauses Brandenburg auf Teile Schlesiens feierliche Verträge gegenüber standen, auf die sich das Haus Österreich berufen konnte. Nicht ganz ohne Grund bedauerte die 16fache Mutter Maria Theresia danach ihr Leben lang, den „bösen Menschen" Friedrich nicht Mann gegen Mann zum Duell fordern zu können. Das nicht nur, weil sie „allzeit gesegneten Leibes war".

Nur einmal läßt Pommern (das Land) seinen Monarchen so richtig im Stich. Als er zur Grundlage einer Seidenrau-

*Stargard mit Marktplatz und Marienkirche im Vordergrund. Der Überlieferung nach mit Baubeginn im Jahr 1292, wächst St. Marien im 14. und 15. Jh. zu kolossaler Größe auf: Ein Beweis für die wohlhabende Bürgerschaft, daß sie im Wettbewerb der Hansestädte bestehen konnte.*

*Freienwalde im Kreis Saatzig (um 1930), in der Bildmitte der Turm der St. Marienkirche aus dem 15. Jh. 1945 wird der Kern der Stadt am Südufer des Staritzsees schwer zerstört, St. Marien bleibt erhalten.*

penzucht die Anpflanzung von Maulbeerbäumen befiehlt, machen im Gegensatz zu den willigen eingeborenen Pommern Klima und Boden einfach nicht mit . . .

Der Untergang der von inneren Wirren gezeichneten polnischen Adelsrepublik fällt in die zweite Hälfte des 18. Jahrhunderts. Um Polen nicht ganz dem russischen Einfluß zu überlassen – Katharina die Große beutet Schwächen der Nachbarn mit scharfem politischen Verstand aus – kommt es zwischen Rußland und Preußen zu einem ersten Teilungsvertrag, dem Österreich beitritt. Friedrich nimmt sich – „Genehmigt, weil so viele große und gelehrte Männer es wollen" – die Woiwodschaften Marienburg, Pommerellen, Kulm und das Fürstbistum Ermland, womit sich dem geographisch abgesplitterten Ostpreußen wie zu Zeiten der Deutschherrn die Landverbindung zu Pommern öffnet.

Der große Friedrich von Preußen verteidigt seine Politik, die zynisch den Gesetzen des Imperialismus gehorchend gegen jede moralische Grundlage des Völkerrechts verstößt: „Ich weiß, daß man in Europa allgemein glaubt, die Teilung Polens sei eine Folge politischer Intrigen; das ist jedoch unwahr. Nachdem vergeblich alle möglichen anderen Versöhnungswege vorgeschlagen waren, mußte man zur Teilung schreiten als dem einzigen Mittel, einen allgemeinen Krieg zu verhindern". Die mit der Teilung verbundene Problematik sollte die Geschichte Deutschlands bis in die moderne Zeit bestimmen.

Nach dem Aufmarsch russischer und preußischer Truppen kommt es 1793 zur 2. Teilung Polens. Preußen erhält jetzt Westmasowien mit Plock, Großpolen und das östliche Kujawien, dazu Danzig und Thorn, womit sich das politische Testament Friedrichs des Großen erfüllt: „Ich halte es für angebracht, diese Provinz, Polnisch-Preußen und Danzig zu gewinnen." Durch eine 3. Teilung ihres Restgebiets vollständig aus der Liste der europäischen Staaten gestrichen – „Er ist begangen, der Völkermord" (Platen) – werden alle Polen schließlich Untertanen Preußens, Rußlands und Österreichs. Das feudale (evangelische) Preußen hat sich Masowien mit Warschau genommen, um damit ein „Neu-Ostpreußen" einzurichten. Zum reaktionären (orthodoxen) Rußland zählen Kurland und Litauen, beim patriarchalischen (katholischen) Österreich ist Krakau. Preußen, einst ein von Polen vielfach abhängiges Fürstentum, besitzt damit den Großteil des polnischen Sprach- und Volksgebiets mit Kongreß-Polen um die mittlere Weichsel, Warschau und Großpolen (Posen), ein Gebiet, das beinahe so groß ist wie die Länder Brandenburg, Pommern, Schlesien und Ostpreußen zusammen.

Preußens großer Reformpolitiker, der Freiherr Heinrich Friedrich Karl vom und zum Stein aus Nassau an der Lahn, sollte dem polnischen Adel dann „Veränderlichkeit, Leichtsinn, Sinnlichkeit, Völlerei und einen Hang zu Ränken" nachsagen. Den polnischen Bauern hielt er „in tiefster Unwissenheit, Völlerei, Roheit und Unreinlichkeit versunken". Im aufgeteilten Polen sieht er trotzdem das „traurige Bild einer unterjochten Nation, die in der selbständigen Ausbildung ihrer Individualität zerstört wurde, der man die Wohltat einer sich selbst gegebenen Verfassung entriß ..."

Bereits mit Friedrich Wilhelm II., Neffe und Thronerbe Friedrichs des Großen, kündigt sich drohendes Unheil an. Hier hatte mit dem Stettiner Heinrich Adrian Graf von Borcke ein Pommer als Erzieher ganz offensichtlich versagt. In Geldsachen nicht so genau – das schwarze Schaf auf dem Preußenthron braucht den Staats-

schatz auf, macht zusätzlich 48 Millionen Taler Schulden – gerät nicht nur die Hofkasse in eine peinlichen Situation. Der „dicke Willem" holt mit einigem Gefühl fürs Schöne und die Schönen für Preußen das galante Zeitalter nach. Die von ihm gerichtlich geschiedene (erste) Gemahlin Elisabeth von Braunschweig verbannt er nach Stettin. Von lokalem Charakter für Pommern ist daneben, daß sich der voll aus der Familiennorm fallende Hohenzollernsproß zur jeweiligen Ehefrau eine Reihe Mätressen hält. Obendrein die spätere Gräfin von Lichtenau, eine geborene Wilhel-

*Fremdenverkehrswerbung für Pollnow, Moorbad und Luftkurort im Tal der Grabow, und das See- und Solbad Swinemünde an der Pommerschen Bucht.*

*Friedrich Wilhelm II.,
Neffe und Nachfolger des
Alten Fritz: Das schwarze
Schaf der Familie Hohen-
zollern holt mit einer
Stärke für das schwache
Geschlecht für Preußen das
galante Zeitalter nach.*

*Greifenhagen: das Bahner
Tor. 1254 durch Herzog
Barnim I. als deutsche
Stadt gegründet, ist Greifenhagen seit dem Mittel-
alter wichtiger Verkehrs-
knotenpunkt und Oder-
hafen. Nach der Schleifung
der Festungswerke erinnert
nur noch das Bahner Tor
an den Wehrwillen der
Stadt.*

mine Enke, als Lebensgefährtin. Dieser Wilhelmine, bzw. einer aus der
Verbindung stammenden Deern, ver-
macht der Regent für geleistete Lie-
besdienste die Güter Breitenwerder
und Lichtenow im Kreis Friedeberg.
Erst nach dem Tod Friedrich Wilhelms mußten die Ländereien wieder
der Krone zurückgegeben werden.
War man doch in Preußen, das könig-
liche Fehltritte so offensichtlich nicht
dokumentierte.

1774 wird im unter schwedischer
Herrschaft stehenden Greifswald der
Seifensiedersohn Caspar David Fried-
rich geboren. Seine künstlerische
Ausbildung erhält er an den Akade-
mien von Kopenhagen und Dresden.
In der sächsischen Kunstmetropole
wohnt und wirkt Friedrich als Maler
und Graphiker dann fast ein ganzes
Leben lang. Sein (vermutlich erstes)
Ölgemälde „Tetschener Altar" löst
eine Kunstfehde aus, als Preußens
Kronprinz Friedrich Wilhelm das
Bild „Mönch am Meer" erwirbt, hat es
der Mann „aus dem hohen Norden"
trotzdem geschafft. Friedrichs Auffas-

sung von Kunst als Mittlerin zwischen Mensch und Natur, Arbeiten
wie „Die gescheiterte Hoffnung" oder
„Einsamer Baum", aber auch pommersche Motive wie „Greifswald im
Mondschein", machen ihn zum größten deutschen Landschaftsmaler der
Romantik. Es ist die Vergänglichkeit
des irdischen Daseins, die Friedrich
in vielen Symbolen immer wieder an-
spricht.

Das für sein Gesamtwerk gültige
Motto schreibt Caspar David Friedrich selbst: *„Warum, die Frag ist oft
zu mir ergangen / Wählst Du zum
Gegenstand der Malerei / So oft den
Tod, Vergänglichkeit und Grab? / Um
ewig einst zu leben, / Muß man sich
oft dem Tod ergeben."* Als er stirbt, ist
sein Werk aufgrund neuer Orientie-
rungen in der Malerei trotzdem zuerst
einmal vergessen.

## Zusammenbruch und Neuaufstieg

In empfundener Nachfolge Karls des Großen hat sich im Westen der Advokatensohn Napoleon als erblicher Kaiser der Franzosen etabliert. Sein außenpolitischer Expansionsdrang zwingt Preußen zur Kriegserklärung. Der durch 20 000 Sachsen und Weimaraner verstärkten mobilen 120 000-Mann-Armee stellt der Korse 200 000 Mann, darunter badische, württembergische und holländische Kontingente, entgegen. Eine erste Niederlage erleidet das innerlich veraltete friderizianische Hauptheer auf den thüringischen Schlachtfeldern bei Jena und Auerstedt. Ganze Armeekorps strekken dort die Waffen: Preußens Soldaten, die bei Fehrbellin oder Hohenfriedberg einst glänzende Siege errun-

gen haben, sind keinen Schuß Pulver mehr wert. Unter ihnen immer auch Pommern. Ein bläßlicher Friedrich Wilhelm III. flüchtet mit Königshof und Ministern über das ostpreußische Königsberg nach Memel, damit an den äußersten Rand des Reichs.

Nach der Niederlage von Jena und Auerstedt erscheinen Franzosen auch vor Stettin, das sich kampflos übergibt. Sie überqueren Oder und Weichsel, wo immer Napoleon auf ehemals polnischem Boden erscheint, wird er mit Begeisterung und der Hoffnung auf ein altes Reich in neuer Herrlichkeit begrüßt: „Der heutige Tag", so die „Posener Zeitung", „liefert der polnischen Nation zu ihrer Geschichte die glänzendste Epoche. Napoleon der Große, der Unüberwindliche, hat unseren Boden betreten, um uns, die wir schon aufhörten zu existieren, schöp-

*Blick auf Greifenhagen (um 1930). In den Kämpfen zwischen Pommern und Brandenburg, dann auch im Dreißigjährigen Krieg immer wieder in Mitleidenschaft gezogen, wird Greifenhagens Innenstadt im Zweiten Weltkrieg erheblich zerstört.*

*Dorfkirche in Seelow/Kreis Greifenhagen. Seelow, ein Dorf mit typischen Fachwerkhäusern, hat als Mittelpunkt eine gegen Ende des 17. Jh. errichtete Fachwerkkirche mit freistehendem Turm.*

ferisch wieder das Dasein zurückzurufen. Die Feinde, die uns zu überfallen drohten, sinken nunmehr in ihre Gräber . . ."

Zum Ruhmesblatt der preußischen Kriegsgeschichte wird die Verteidigung der hinterpommerschen Hafen- und Salzstadt Kolberg durch Bürger, Patrioten und das in letzter Minute aus Memel eingetroffene 2. pommersche Reservebattaillon. Kommandeur der Festung an der Persante, die sich 6 Monate bis zum Frieden von Tilsit halten kann, ist August Graf Neithardt von Gneisenau. Der Österreicher aus dem sächsischen Schilda hatte im nordamerikanischen Unabhängigkeitskrieg mit den „verkauften" Truppen des Markgrafen von Ansbach-Bayreuth auf der falschen

Seite gestanden. Nach der Rückkehr in die preußische Armee übernommen, kommt seine große Stunde – „Es bleibt nichts übrig, als zu fechten und zu sterben" – mit den Franzosen vor Kolberg. An Gneisenaus Seite stehen der preußische Husarenmajor Ferdinand Baptist von Schill und der lokale Bürgerpatriot Joachim Nettelbeck. Ihr Einzelschicksal entspricht Dimensionen, die kommende Historiker beflügeln sollten.

Schill ist kein Pommer, sondern in Wilmsdorf bei Dresden geborener Sachse. Bei Auerstedt verwundet, stellte er in Hinterpommern ein Freikorps auf, das sich im Rücken des Feindes engagiert. Zur Legende wird Schill, als er im neumärkischen Arnswalde Napoleons General Claude Victor gefangennimmt und nach Kolberg bringt. Dort wird Victor gegen den preußischen Reiterführer und Strategen Gebhard Leberecht von Blücher ausgetauscht, der nach dem Frieden von Tilsit das Generalkommando in Pommern erhält. Nach der Verteidigung Kolbergs, während des französisch-österreichischen Kriegs, versucht Schill, Preußen in die Erhebung gegen Napoleon zu ziehen, muß sich nach Anfangserfolgen jedoch nach Stralsund zurückziehen. Als er – getreu seinem Wahlspruch „Lieber ein Ende mit Schrecken als ein Schrekken ohne Ende" – bei der Einnahme der Stadt am Strelasund im Kampf gegen Holländer und Dänen fällt, ist sein Kopf dem Gegner bereits etwas wert: In Weingeist gelegt, wird er einem Professor Brugmanns von der Universität Leyden überlassen (1819 kommt Schills Kopf in das anatomische Kabinett der Universität, 1837 nach Braunschweig, um neben 14 Schillschen Offizieren in einem Mausoleum beigesetzt zu werden.) Der kopflose Schill sollte in Stralsund seine letzte Ruhestätte finden. Wo er gefallen ist, wird eine Gedenktafel, über seinem Grab ein Denkmal errichtet. Rudolf Gottschall und Arnold

*August Wilhelm Anton Graf Neidhardt von Gneisenau (1760–1831), preußischer Generalfeldmarschall, 1807 Kommandant der Festung Kolberg.*

*Pyritz: das Stettiner Tor. In Pyritz, wo Otto von Bamberg 1124 die ersten Pommern taufte, siedelten Deutsche bereits im 12. Jh. Die Stadt im fruchtbaren Weizacker wird 1945 zu 90 Prozent zerstört.*

*Ferdinand Baptist von Schill (1776–1809), preußischer Husarenmajor, gefallen im Kampf um Stralsund.*

Ruge verarbeiten Leben und Tod des Freischärlers zu Trauerspielen.

Von der Geschichte verklärt auch der Kolberger Schuhmachersohn Joachim Nettelbeck. Der Vater hatte es in der Bürgerwehr zum Feldwebel gebracht, der Sohn fuhr zur See. Er wird Sklavenhändler, zeichnet sich bei den Belagerungen Kolbergs im Siebenjährigen aus, transportiert – dazu gezwungen – Proviant und Militäreffekte für den russischen Gegner. Sein Schiff „Postreiter" tritt die Jungfernfahrt in Königsberg an, um dann

*Joachim Nettelbeck (1738–1824), preußischer Seehandelskapitän und Bürgerpatriot. Als die Franzosen vor Kolberg aufziehen, ist es Nettelbeck, der die Übergabe der Stadt verhindert.*

als Blockadebrecher gegen Schweden zu segeln. Nettelbeck, als erster Preuße mit dem Patent eines Königlichen Schiffskapitäns ausgestattet, gründet in Kolberg eine Navigationsschule, wird Branntweinbrenner und erregt einiges Aufsehen, als er ein Feuer am Kolberger Dom eigenhändig löscht ... der erste Teil einer Biographie, die sich bereits sehen lassen kann. Der Kerl war ein Pommer!

Als die Franzosen vor Kolberg aufziehen, ist es der inzwischen zum Ratsherrn aufgestiegene Nettelbeck, der die Übergabe standfest verhindert. Gneisenau überträgt dem alten Herrn dafür die Aufgaben eines Bürgeradjudanten und „Ingenieurs am Platze".

*Stadtkirche von Treptow an der Rega (um 1938). In Treptow war der spätere Reformator Johann Bugenhagen einst Rektor der berühmten Stadtschule. Von hier geht nach dem Beschluß des Treptower Landtags von 1534 die Reformation in Pommern aus.*

Nach dem Krieg erhält Nettelbeck als Dank des Vaterlands die Erlaubnis, eine Admiralsuniform zu tragen und eine jährliche Pension. Als er 1824 auf Kolbergs altem Militärkirchhof am Frühkonzertplatz zur letzten Ruhe gebettet wird, steht auf seinem Grabstein „Hier ruht der Bürger Joachim Nettelbeck aus von den Stürmen seines viel bewegten Lebens". Der Dichter würde sich seiner erinnern:
*„Ein schlichtes Grab in kühlem Sande, / von grünem Efeu schön umrankt, / birgt hier am nahen Ostseestrande / den Held, der nie gezagt, gewankt. / Er schrieb in stolzen Flammenzügen / zu trüber Zeit in kurzer Frist: / ‚Die deutsche Treue kann besiegen / die welsche Macht und welsche List'."*
Im Juli 1807 treffen sich auf dem neutralen Boden eines Memelfloßes Alexander von Rußland und Napoleon zum Vertrag von Tilsit, dem Preußens Friedrich Wilhelm 2 Tage

später beitritt. Königin Luise, die laut Zeitgenossen „weiblichste Frau Preußens" sieht Napoleon, den „männlichsten Mann Europas": „Es wäre Lästerung zu sagen, Gott sei mit ihm, aber offenbar ist er ein Werkzeug in des Allmächtigen Hand, um das Alte, welches kein Leben mehr hat, das aber mit den Außendingen fest verwachsen ist, zu begraben ... Dabei ist er ohne Mäßigung, und wer nicht Maßhalten kann, verliert das Gleichgewicht und fällt. Ich glaube fest an Gott und eine sittliche Weltordnung."
Mit dem Verzicht auf die Hälfte des preußischen Staatsgebiets ist das Werk Friedrich des Großen „bis zu seiner Gruft vernichtet" (Arndt), droht Preußen das Schicksal Polens. Pommern, das im Krieg schwer gelitten hat, muß die Landschaft um Schneidemühl an das Großherzogtum Warschau abgeben.
Es ist die Stunde der Niederlage, in der sich abzeichnet, daß Preußens De-

*Blick auf Treptow an der Rega/Kreis Greifenberg. Im Anschluß an eine alte Wendensiedlung angelegt, erhält Treptow 1277 lübisches Stadtrecht. Als Mitglied der Hanse unterhält es den Vorhafen Regamünde, das „gesunkene" Dorf an der Regamündung, um das die Sage dichte Fäden spinnt.*

*Blick in die Steintorstraße von Arnswalde. Einst im Besitz des Deutschen Ordens, im Dreißigjährigen Krieg schwer gezeichnet, kommt die neumärkische Stadt erst 1938 zu Pommern. Gegen Ende des Zweiten Weltkriegs wird Arnswalde, das der Roten Armee kräftigen Widerstand leistet, zu nahezu 85 Prozent zerstört.*

bakel nicht zuletzt in der tiefen Kluft zwischen Staat und Gesellschaft, in den starren Standesschranken zwischen Adel, Bürger und Bauer wurzelt. Die Katastrophe mobilisiert Ideen und Ideologien, es kommt zum Bündnis zwischen Krone und Volk. Im protokollarischen Ende des stark überalterten Heiligen Römischen Reichs Deutscher Nation und der Erneuerung des preußischen Staats läßt sich ein Sinn der Zeit ablesen.

Nach dem Zusammenbruch zieht es eine Reihe großer Reformer nach Königsberg. Unter ihnen der von Napoleon geächtete Freiherr vom Stein, Hardenberg, Wilhelm von Humboldt, Gneisenau, Scharnhorst, Clausewitz und Boyen. Im „Gold gab ich für Eisen" spiegelt sich, frei nach Schillers Jungfrau von Orleans, persönliches Opfer und keimendes Nationalbewußtsein, in Steins „Wer Gott vertraut, brav um sich haut, dem wird es stets gelingen" die deutsche Hoff-

nung. Arndt quellen Patriotentexte aus der Feder wie *„Der Gott, der Eisen wachsen ließ, / der wollte keine Knechte. / Drum gab er Säbel, Schwert und Spieß / Dem Mann in seine Rechte ..."* Die deutschen Fürsten und Herren wünscht sich der Rügener zum Teufel: „Jeder, der mit seinem Volke nicht Glück und Unglück, Not und Tod teilen will, ist nicht wert, daß er unter ihm lebt, und muß als ein Bube oder ein Weichling von ihm ausgestoßen werden." Arndts programmatische Schrift „Der Rhein Teutschlands Strom, aber nicht Teutschlands Grenze" sollte noch weit über die Zeit hinaus wirken.

Von Ostpreußen gehen jene Anregungen für Reformen von Gesellschaft und Staat aus, die in wenigen Jahren die Grundlagen für ein neues Preußen bilden. Die Erbuntertänigkeit wird aufgehoben, die den Bauern die Freiheit von Person und Besitz gegenüber dem Grundherrn sichert, allerdings

noch ohne beide ganz voneinander zu lösen (Pommerns Bauernbefreiung ist erst Mitte des 19. Jahrhunderts abgeschlossen). Eine neue Städteordnung erscheint, königlichen Domänenbauern wird das Grundeigentum ihrer Besitzungen verliehen, alle Staatsbürger erhalten ohne Ansehen ihrer Konfession die gleichen Rechte.

1812 zieht Napoleon gegen Rußland, am Riesenfeldzug der Großen Armee muß nahezu ganz Europa teilnehmen, auch Preußen, das eine Allianz mit dem Korsen geschlossen hat. Mit dem durch Moskaus Brand und Rußlands Winter forcierten Rückzug beginnt der Aufstand gegen die Fremdherrschaft. General Ludwig Graf Yorck, der mit seinem preußischen Hilfs-

korps Napoleons linke Flanke decken soll, schließt in Poscherun bei Tauroggen den Neutralitätsvertrag mit dem Gegner. Seine Preußen besetzen – „Parole ist Gott mit uns! Feldgeschrei: Friedrich" – den Raum Tilsit-/Kurisches Haff und rücken, aggressiv wie Darßer Mücken, von dort nach Westen vor.

Mit dem berühmten Aufruf Friedrich Wilhelms „An mein Volk" wird der Nation die Wahl zwischen einem ehrenvollen Frieden und dem ruhmlosen Untergang gegeben. Das gleichzeitig gestiftete, von Schinkel entworfene Eiserne Kreuz erinnert an das schwarze Kreuz im weißen Mantel der Deutschordensritter. Es sind jetzt die alten Feinde, die den Korsen auf

*Friedeberg in der Neumark. Mit deutschem Stadtrecht seit 1260 kommt Friedeberg 1402 zum Ordensstaat. 1627 erleidet das Heer des Administrators von Magdeburg und des Grafen von Thurn bei Friedeberg eine schwere Niederlage gegen die Kaiserlichen.*

*Ludwig Graf Yorck von Wartenburg. Befehlshaber von Napoleons preußischem Hilfskorps, schließt Yorck auf dem Rückzug von Moskau die Konvention von Tauroggen.*

*Gebhard Leberecht von Blücher (1742–1819): der preußische Heerführer, als Gefangener der Franzosen 1807 gegen Napoleons General Victor ausgetauscht, übernimmt nach dem Frieden von Tilsit das Generalkommando in Pommern.*

*Seite 61:*
*Stolp, am Ende der Neutorstraße das Neue Tor (15. Jahrhundert). Seit 1714 war Stolp Garnisonsstadt und Standort preußischer Regimenter (u. a. Blücher-Husaren).*

der Flucht erkennen lassen, daß es „vom Erhabenen zum Lächerlichen nur ein Schritt ist". Es ist der Kampf gegen Frankreich – *„wo jeder Franzmann heißet Feind, wo jeder Deutsche heißet Freund"* (Arndt) –, in dem sich die deutsche Nation bildet. Im Oktober 1813 entscheidet die viertägige Völkerschlacht bei Leipzig „das Schicksal der Welt" (Freiherr von Müffling). Die Leipziger Zeitung zitiert Blücher – nach Arndts Gedicht „Vorwärts! Vorwärts! rief der Blücher" in Zukunft auch „Marschall Vorwärts" genannt – mit dem Satz „Die gute Sache hat gesiegt". Blüchers Hoffnung, daß „die Federn der Diplomaten nicht wieder verderben, was durch die Schwerter der Heere erworben ist" wird allerdings enttäuscht.

## Pommern wiedervereinigt

Anno 1814 formuliert Hermann von Boyen das Gesetz, das auch in Pommern die allgemeine Wehrpflicht einführt, danach richtungweisend für fast alle Staaten der Welt wird: „Jeder Eingeborene, sobald er das 20. Lebensjahr vollendet hat, ist zur Verteidigung des Vaterlands verpflichtet".

Zur gleichen Zeit wird auf dem Wiener Kongreß getanzt (Quelle: ein Ufa-Film von 1931) und der Versuch unternommen, Europa eine neue, Frieden und Stabilität garantierende Ordnung zu geben. Die verbündeten Großmächte Preußen, Österreich, Rußland und Großbritannien verhandeln mit den Vertretern Frankreichs und einer Reihe von Königreichen und Fürstentümern. Die unterzeichnete Bundesakte konstituiert dann allerdings nur den schwerfällig organisierten Deutschen Bund unter Führung Metternichs, Grillparzers „Don Quichote der Legitimität". Damit erweist sich die im Volkskrieg gegen Napoleon erhoffte Einheit der deutschen Nation ebenso als Utopie wie die Aussicht auf einen Abbau absoluter Fürstenmacht. Die Völker bleiben Untertanen, Metternichs Worte „Mein geheimster Gedanke ist, daß das alte Europa am Anfang seines Endes steht" jedoch als Menetekel an der Wand.

Im allgemeinen Länderschacher wird Preußens Staatsgebiet um Westpreußen, die Provinz Posen, Danzig und Thorn erweitert. Friedrich Wilhelm III. versichert der polnischen Mehrheit im preußischen Posen: „Auch Ihr habt ein Vaterland ... Ihr werdet meiner Monarchie einverleibt, ohne Eure

*Dramburg an der Drage: Blick auf die Marienkirche (15. Jh.). Stadt seit 1297, von 1400–55 im Besitz der Deutschherrn, seit 1540 Eigentum des Johanniterordens, kommt das neumärkische Dramburg erst während der preußischen Verwaltungsreform (1815–1818) zu Pommern.*

Nationalität verleugnen zu müssen. Eure Sprache soll neben der deutschen in allen öffentlichen Verhandlungen gebraucht werden ..." In der Praxis fördert ein ordnungsliebender Preußengeist jedoch eher „die Einschmelzung der polnischen Untertanen in den preußischen Staat mit Hilfe deutscher Bildung und Kultur" (Oberpräsident von Flottwell).

Mit der Neuordnung Europas durch den Wiener Kongreß hat Schweden Vorpommern und Rügen an Dänemark abgetreten, von dem es im Austausch gegen das Herzogtum Lauenburg und einen Aufpreis von 3,5 Millionen Taler an Preußen geht, womit Pommern, im Dreißigjährigen Krieg getrennt, wieder vereinigt ist. Der feierliche Länderhandel wird in der alten Hansestadt Stralsund besiegelt, was aus Schwedens Ostsee-Perle ein preußisches Schmuckstück macht. Es gab dafür keinen besseren Platz. Die Werft- und Hafenstadt, der Wächter Rügens, liegt im Kern auf einer Insel an der Westseite des Strelasunds. Aus einen slawischen Fischerdorf hervorgegangen, seit altersher wichtiger Verkehrsknotenpunkt, wird sie 1234 durch Witzlaw I. von Rügen mit dem lübischen Stadtrecht belehnt. Mitglied der Hanse, die sich im Frieden von Stralsund die Vorherrschaft über Dänemark sichert, sind es mehr als 300 Koggen, die die Flagge der Stadt, damit den Reichtum ihrer Bürger zeigen. Seit 1325 Teil Pommerns, leitet der „Alliancevertrag" mit Gustav Adolf die jetzt abgelaufene „Schwedenzeit" ein.

Von 1815–1932 gilt der Regierungsbezirk Stralsund (die Kreise Greifswald Stadt und -Land, Grimmen, Rügen und Franzburg-Barth) als Neu- (oder Preußisch-) Vorpommern. Eine Reform Preußens bringt die neumärkischen Kreise Schivelbein und Dramburg in die Küstenprovinz, die in dieser Form bis 1918 Teil des Deutschen Reiches ist.

1817 führt Preußen die „Union" der Lutheraner und Reformierten ein, die im Gedächtnisjahr der Reformation die religiöse Spaltung überwinden soll. Als von der Restauration betroffene Pfarrer und Laien Widerspruch dagegen erheben, wird den protestierenden Protestanten das Recht der Ausübung eigener Gottesdienste entzogen. Altlutheraner, die in der Union einen Abfall von der Bekenntnisgemeinschaft der Wittenberger Reformation, sich selbst als rechtmäßige Erben des lutherischen Kirchentums sehen, wählen daraufhin die Emigration. Die offizielle Genehmigung zur Auswanderung ergeht unter der Voraussetzung, daß sie unter Führung eines altlutherischen Geistlichen steht. 1839 landen pommersche Glaubensflüchtlinge mit einem Pastor Grabau in den USA. Eine Gruppe läßt sich im Staat New York (Buffalo) nieder, der Rest geht nach Wisconsin, in eine Landschaft, die Pommern mehr als ähnlich ist. Dort trägt der nach Amerika verpflanzte Baum reiche

*Labes im Kreis Regenwalde aus der Vogelschau. Den alten Stammsitz der von Borcke hat der Dreißigjährige Krieg schon einmal völlig verheert. 1945 wird die Kreisstadt an der Rega, deren Pantoffelmacher in einem besonders guten Ruf stehen, wiederum zur Hälfte zerstört.*

*Blick auf Regenwalde (um 1931). Bedeutendster Industriebetrieb der Stadt an der Rega ist die bereits 1843 gegründete Fabrik für landwirtschaftliche Maschinen und Dampfkessel. 1945 fällt praktisch die gesamte Innenstadt der Kriegsfurie zum Opfer.*

Früchte, zieht der frühe Erfolg der Pioniere weitere Glaubensbrüder an. In Wisconsin – hin und wieder „Neupommern" genannt – bleiben die Altlutheraner jahrzehntelang in geschlossenen Siedlungen unter sich. Die Radues, Schoessows, Moldenhauers oder Gottliebs helfen dabei, den US-Staat zur Milchkammer der Welt zu machen. Ihre Sprache bleibt vorerst das pommersche Platt, wie es in Wisconsin teilweise heute noch gesprochen wird.

Auf „Pommersch" unterhalten sie sich dann auch rund um Jequitiba oder Santa Maria de Jetiba im brasilianischen Urwald. 1858 gründen Pommern – *„Uns ward zur zweiten Heimat / Brasiliens Sonnenland; gar fest hält uns umschlungen / mit ihm des Dankes Band"* – die Kolonie Sao Lourenço bei Pelotas. Obwohl das van der Heydt'sche Reskript jetzt die Auswanderung aus Preußen nach Brasilien verbietet, kommen immer neue Gruppen pommerscher Tagelöhner und Kleinbauern dazu, ziehen Leineweber mit Spinnrad, Breche und Schläger übers Meer. Einmal im Land, erregen die „Pomeranos" besonderes Aufsehen gerade dadurch, daß sie sich mit einem Zuwachs von 8–10 Kinder pro Familie „nicht vermehren, sondern vervielfältigen". In den meist geschlossenen Pommernsiedlungen erhalten sich Sprache und Brauchtum besonders lange ... allerdings auch das Heimweh, wie es Maria Kahle ihren Pionier fern der Heimat fühlen läßt:

*„Goldblaue Meere locken, / und hallend, wie Vinetas Glocken, / steigt*

*uns aus Blutesgrund ein Urgesang, / sein Rhythmus treibt in unserm Fernendrang ... Doch wenn auch Weltenrausch uns weit vertrieb / vom Herkunftsland -: ein herber Ruch von Heide, / Bergtannenduft, lenzgrüner Buchenheide / blieb uns im Blut; ja, Heimweh, Heimweh blieb!"*

Rund 150 Jahre, nachdem die ersten Immigranten eingewandert sind, geht es in Pommerode/Rio de Testo hin und wieder immer noch wie im alten Pommern zu. Die „deutscheste Stadt" Brasiliens ist bekannt für ihre Pommernfeste, daneben für den höchsten Bierkonsum des Landes, wozu die Rathkes, Riebes, Zastrows oder Ra-

dünz kräftig beitragen. Zugegeben, die Pommeroder haben längst einen Geschmack für den „churrasco" (Spießbraten brasilianischer Art) entdeckt, bereichern ihre Speisezettel aber durchaus noch mit so pommerschen Spezialitäten wie Blutkuchen (Schweine- oder Gänseblut, Mehl und Rosinen) oder Gänseschwarzsauer, wozu das, was von der Gans nach Brust und Keulen übrig bleibt, mit Wurzelwerk und Essig gekocht, mit Pfeffer gewürzt und mit Blut eingedickt, mit Kartoffelklößen gegessen wird ...

Europa hat Ruhe, was leicht darüber hinwegtäuscht, daß seine inneren

*Greifenberg an der Rega mit einem Teil der alten Stadtbefestigung. Eine Gründung aus dem Jahr 1262, ab 1365 Mitglied der Hanse, kommt „Griphenberch" dank des Rechts der freien Schiffahrt auf der Rega zum Meer schon relativ früh zu Wohlstand und Ansehen. Nach dem Erlahmen des Seehandels wird es für seine Leinewebereien bekannt.*

Hambacher Fest werden die schwarz-rot-goldenen (deutschen) und weiß-roten (polnischen) Fahnen nebeneinander aufgestellt, bevor das Lied „Noch ist Polen nicht verloren" erklingt. Der von den kühnen Gedanken der Romantik beflügelte Dichter Adolf Graf von Platen geiselt in spöttischen Worten die russisch-preußische Interessengemeinschaft: *„Seit das Reich der Jagellonen / Fromm wir unter uns zerstückt, / Sind verschmolzen unsre Kronen, / Weil uns gleiche Tugend schmückt."* Preußens Polen wiederum lassen im Kampflied keine Zweifel am politischen Ziel: *„Brüder, Sensen in die Hände! Auf zum Kampfe laßt uns eilen! / Polens Knechtschaft hat ein Ende. Länger wollen wir nicht weilen. / Sammelt Scharen um Euch alle! Unser Feind, der Deutsche, falle!"* 1847 heiratet Otto Eduard Leopold von Bismarck das pommersche Edelfräulein Johanna Friedricke Charlotte von Puttkamer in Reinfeld-Alt Kolziglow. Den Brautwerbebrief an Heinrich Ernst Jakob von Puttkamer hatte der Bräutigam in Stettin geschrieben. Damit ist der märkische Junker aus altadeligem pommerschen Geschlecht, der „entweder der größte Lump oder der erste Mann Preußens"

*Marienkirche und Wehr in Greifenberg. Das dreischiffige St. Marien, 1386 geweiht, wurde nach einem Brand ab 1668 wieder hergestellt.*

*Otto Fürst von Bismarck (1815–1898), preußischer Staatsmann und deutscher Reichskanzler.*

*Seite 67: Kolbergs gotischer Mariendom, seit Mitte des 13. Jh. für Gottesdienste benutzt.*

Spannungen wachsen. Die Pariser Julirevolution gibt nationalen und liberalen Bewegungen neuen Auftrieb, gilt im unter russischer Oberhoheit stehenden Polen als Signal für den Aufstand. Als der Zarenhof darauf mit der rücksichtslosen Russifizierung reagiert, entsteht im Westen der sogenannte „Polenfimmel". Europas Liberale und Demokraten nehmen Stellung für die als Märtyrer angeschwärmten Polen, das liberale Deutschland sieht die Wiederherstellung eines unabhängigen polnischen Staats als moralische Pflicht. Beim

*Kolberg: das mit plastischen Keramikornamenten geschmückte Merkurhaus (17. Jh.). In den letzten Tagen des Zweiten Weltkriegs wird die Stadt an der Persante, die einst Napoleon widerstanden hat, weitgehend zerstört.*

werden wollte, dem Küstenland nur noch enger verbunden. Im Familienbesitz befinden sich die Güter Külz, Jarchlin und Kniephof, wo Bismarck die ersten Jahre seiner Kindheit verbracht hat. Ab 1837 leistete der im Waterloo-Jahr Geborene im 2. Jägerbataillon in Greifswald einen Teil seiner Militärpflicht ab, bei gleichzeitigem Studium der Landwirtschaft in der Staatsakademie Eldena.

Nach dem Tod des Vaters wird Otto von Bismarck Eigentümer des Kniephof, daneben ist er Deichhauptmann und Abgeordneter der Ritterschaft des Kreises Jerichow. Den pommerschen Besitz vergrößert eines Tages die Königsgabe: Bismarck, der als preußischer Ministerpräsident, dann als Reichskanzler fast ein ganzes Jahrhundert beeinflußt wie kein anderer, erhält für Preußens Triumph im „Bruderkrieg" von 1866 rund 32 000 preußische Morgen große Län-

dereien zwischen Wipper und Grabow im Kreis Rummelsburg. Obwohl
Geld auf Gütern wie Varzin, Wen-
disch-Puddiger oder Misdow wegen
der kaum ertragreichen Landwirtschaft „schwer zu finden war", fühlt
sich der Kanzler dort wohl. Besonders der Richtberg, auf dem einst ein
Galgen gestanden hat, zieht ihn immer wieder an. Unter der Kalnocky-
Eiche trifft Bismarck 1884 den österreichischen Ministerpräsidenten zum
politischen Gespräch. Es sind Treffen
dieser Art, die Pommern aufgrund
adäquater Zeitungsmeldungen im
Reich erst auf die Landkarte setzen.
Als Antwort auf die Verschlechterung
der politischen und wirtschaftlichen
Verhältnisse hat sich in Deutschland
eine Opposition etabliert, die den sozialen Umschwung, besonders auch
die nationalstaatliche Einigung pro-
pagandiert. Die Märzaufstände von
1848 zwingen die deutschen Fürsten
zu Konzessionen, schon im Mai wird
in der Frankfurter Paulskirche über
eine zentrale Regierungsgewalt und

nationale Verfassung diskutiert. Es ist
der Dauerbrenner Arndt, der vor der
Nationalversammlung beteuert: „Daß
ich hier stehe, ein Greis jenseits der
Grenze, wo man wirken kann, war das
Gefühl, als ich erschien. Ich erscheine
gleichsam wie ein gutes altes
deutsches Gewissen, dessen ich mir
bewußt bin." Der Pommer gehört zu
jenen, die Friedrich Wilhelm IV. die
Kaiserkrone antragen. Doch Preußens
König lehnt schriftlich ab: „Einen solchen imaginären Reif, aus Dreck und
Letten gebacken, soll ein legitimer
König von Gottes Gnaden, und nun
gar der König von Preußen sich geben
lassen, der den Segen hat, wenn auch
nicht die älteste, doch die edelste
Krone, die niemanden gestohlen ist,
zu tragen ..."
Bürger, Arbeiter und Studenten,
Turn-, Schützenvereine und polnische Legionäre gehen – „Eilt schleu-
nigst mit Waffen und Munition
herzu! Es gilt!" – auf die Barrikaden,
Bauern rebellieren gegen ihre Feudal-
herren. Doch den Reformern fehlt die

*Mole an der Einmündung
der Persante in die Ostsee.
Wegen der Gefahr der
Versandung ihres Hafens
mußten die Kolberger, in
deren Wirtschaftsleben
See- und Fischhandel eine
große Rolle spielten, die
Molen an der Persante-
mündung immer wieder
einmal verlängern.*

*Marktplatz von Körlin. Im Winkel, den der Zusammenfluß von Radüe und Persante bilden, war Körlin zeitweise Residenz der Bischöfe von Cammin. Die Geistlichkeit konnte als Landesherrschaft bis gegen Mitte des 15. Jh. relativ unabhängig bleiben.*

reale Macht. Noch einmal siegen die alten Mächte, die Dynastien mit ihren Fürsten, den königstreuen Militärs und Bürokraten, die Zensoren und der grundbesitzende Adel. Nicht durch Volksbeschluß, nicht durch Reden werden die Fragen der Zeit entschieden, sondern – so Bismarck später – durch „Blut und Eisen". Der Stettiner General Friedrich Heinrich Ernst Graf von Wrangel, gerne „Papa Wrangel" gekürzelt, marschiert als Oberbefehlshaber der Truppen in der Mark mit 15 000 Mann in Berlin ein. Dort schlägt er die Revolution unblutig nieder und löst die preußische Nationalversammlung auf.

Die Handschrift der Zeit verrät, daß im Jahr der Revolution Rudolf Carl Virchow die Stelle als Prorektor an der Berliner Charité verliert: Der Mediziner aus Schivelbein hatte als Ursache der oberschlesischen Typhusepidemie die soziale Lage der hungernden Kumpels entdeckt. Nach

einer Professur in Würzburg kehrt der Pommer als Leiter des pathologischen Instituts in die preußische Metropole zurück. Zu Weltruhm führt ihn, als er die Grundursache aller Lebensvorgänge in der Erregbarkeit der Zellen feststellt. Was die Medizin in Zukunft über viele Krankheitsbilder weiß, ist ohne die Zellularpathologie des Schivelbeiners nicht zu denken. Von Virchow kommen daneben wichtige Anregungen für die öffentliche Gesundheitsfürsorge. Berlin verdankt ihm die moderne Kanalisation, die Wasserleitungen, das Hygienegesetz. Doch Virchow, der große Mediziner, ist nur die Hälfte seiner Persönlichkeit. Der Pommer wird Mitbegründer der „Deutschen Gesellschaft für Anthropologie, Ethnologie und Urgeschichte", er bereist mit Schliemann Kleinasien und arbeitet auf dem Boden Trojas. In Berlin engagiert er sich verstärkt politisch und sozial, ist 1861 Mitbegründer, dann auch

Vorsitzender der Deutschen Fort- gen muß, daß er einen Unterricht in
schrittspartei, die im Gegensatz zu der polnischen Sprache, und zwar in
Bismarck steht ... Rollen, in denen der Ausdehnung den Kindern ver-
Virchow sich als Mann des deutschen schafft, daß sie im Stande sind, den
Ostens erweist. höheren Zwecken, welche etwa die
Während es die Politik Bismarcks polnische Literatur und die polnische
(und seiner Nachfolger) ist, die polni- Konversation mit sich bringt, genü-
sche Nationalität in Pommerns Nach- gen zu können." Für des Kanzlers Po-
barschaft zu unterdrücken – das neue litik gegen die katholische Kirche, de-
Reich kennt keine Minderheiten- ren Rechte Bismarck besonders in
rechte -, erklärt Virchow vor dem den polnischen Gebieten Preußens
Preußischen Abgeordnetenhaus, dem beschneiden will, prägt er das Schlag-
er seit 1862 angehört, „daß auch der wort „Kulturkampf" (auch wenn es
preußische Staat die Aufgabe verfol- bereits bei Goethe zu finden ist).

*Belgard: Marktplatz und Marienkirche. Bereits in wendischer Zeit ummauerte Siedlung und Mittelpunkt einer Kastellanei, wird Belgard 1299 mit lübischem Recht versehen. Seit dem 14. Jh. ist es mittelbares Glied der Hanse.*

*In der Pommerschen Schweiz. Wie der Sachse oder Franke hat der Pommer seine „Schweiz", eine Gebirgslandschaft auf dem Pommerschen Landrücken. Dort gilt das Fünfseegebiet zwischen Bad Polzin und Tempelburg als besonders reizvolles Landschaftsgebiet.*

Trotz Virchows Engagements werden in Pommerns preußischen Nachbarprovinzen Posen und Westpreußen rund 30 000 Polen ausgewiesen, um einer „Polonisierung" der deutschen Bevölkerung vorzubeugen. Preußens allgemeine Germanisierungspolitik, ein Schulprozeß und das Gesetz, wonach polnische Güter zu enteignen und mit Deutschen zu besiedeln sind, verschärfen die Polenfrage ...

1856 feiert Greifswald – Gryps wie es die Studenten nennen – „zur Ehre von ganz Pommern und der angrenzenden Länder" in Gegenwart König Friedrich Wilhelms IV. das 400. Jubiläum der Universität. Mit der Greifswalder Alma Mater verbunden sind der Humanist Ulrich von Hutten, die Reformatoren Johannes Bugenhagen und Johann Knipstro, die Chirurgen Theodor Billroth, August Bier und Ferdinand Sauerbruch, der Historiker Hans Delbrück, der Dichter Ernst Moritz Arndt und der Altertumsforscher Friedrich von Hagenow ... eines Tages auch Hermann Löns, die „Eintagsfliege der Zivilisation", die über die Hinwendung zu Volk, Heimat und Boden – besonders jenem der Lüneburger Heide – von sich reden läßt.

**Im deutschen Nationalstaat**

„Laßt die Preußenfahne fliegen, / Schwarz und Weiß wird immer siegen": Preußen ist neben Österreich die einzige Großmacht, die Anspruch auf die Führung der deutschen Staaten anmelden kann. In einem nach dem Tod Friedrichs VII. von Dänemark entstandenen Konflikt um Schleswig-Holstein kämpfen beide noch einmal Seite an Seite – zeitweise unter dem Oberbefehl „Papa Wrangels" –, um Schleswig unter preußische, Holstein vorübergehend unter österreichische Verwaltung zu stellen. Nur 2 Jahre später besiegelt der Deutsche Krieg die Vormachtstellung Preußens. Nach Kämpfen gegen Österreicher und Sachsen bei Orten wie Hühnerwasser und Schweinschädel wird die entscheidende Schlacht bei Königgrätz von Generalfeldmarschall Helmuth Graf von Moltke mit Hilfe waffentechnischer Vorteile wie dem Zündnadelgewehr gewonnen. Womit der territoriale Umfang und

zukünftige Charakter eines deutschen Nationalstaats entschieden ist.

Zum Krieg mit Frankreich kommt es über die Frage der Neubesetzung des spanischen Throns durch einen Prinzen aus dem Hause Hohenzollern. Der Traum vom deutschen Nationalstaat erfüllt sich nach der siegreichen Schlacht von Sedan. Die Reichsgründung von 1871 – Wilhelm I. wird im Spiegelsaal von Versailles zum Deutschen Kaiser proklamiert – erfolgt auf der Basis des gewonnenen Kriegs, wofür die in Treue festen Stettiner Regent und Kriegern an der Oder ein monumentales Denkmal errichten. Preußens Pommern, wenigstens der Großteil unter ihnen, haben jetzt nur ein Vaterland, das heißt Deutschland. Am Entwurf der Verfassung für das

*Pommern, eines der größten landwirtschaftlichen Nutzungsgebiete Deutschlands, zählt zu den Kornkammern Europas. Zwischen den beiden Weltkriegen finden rund 41,2 v. H. der Pommern Beschäftigung in der Land- und Forstwirtschaft.*

*Bad Polzin/Kreis Belgard. Der seit dem 17. Jh. bekannte eisenhaltige Säuerling, dann auch das Moorbad, machen den Fremdenverkehr zum wichtigen Wirtschaftsfaktor. Unter den Badegästen Preußens Königin Luise, nach der die Kuranlage des Landstädtchens im „Fünfseetal" benannt wurde.*

Deutsche Reich arbeitete Bismarck im exklusiven Putbus auf Rügen.

Gegen Dänemark, Österreich, dann auch gegen Frankreich waren die Pommern dabei. Am Rande des Schlachtens und der Schlachten hat der Arzt Theodor Billroth aus Bergen seine wertvollen kriegschirurgischen Standardwerke „Briefe aus den Feldlazaretten von Weißenburg und Mannheim 1870" und „Transport Verwundeter und Kranker auf Eisenbahnen" geschrieben. Eine Feuerprobe im wahrsten Sinne des Wortes mußte zur gleichen Zeit Billroths Landsmann, der Stolper Schneidersohn Heinrich Stephan (später von Stephan) bestehen. Generalpostmeister des Norddeutschen Bunds, richtete er mit Hilfe von 411 Postetablissements auf dem Kriegsschauplatz die Feldpost ein, die 1870/71 über 96 Millionen Postsendungen beförderte. Stephan gilt als Erfinder der Post-

karte, seinen Initiativen folgen Neuerungen wie Postanweisung und Nachnahme, die weltweite Einführung des Fernsprechers und die Einrichtung des Weltpostvereins. *„Hull din Mul un do din Wark, / Steck di nich in jeden Quark. / Nix as dusend flitig Hänn / Maken unsrer Not en Enn"* (soviel wie „Denke was du willst, tu, was du sollst"): Stephan hatte sich an seinen Wahlspruch gehalten, was ihm das Reich mit dem Titel Wirklicher Geheimer Rat und dem Prädikat Exzellenz auch angemessen dankte.

1890 spuckt die Reichsstatistik ihre neueste Folge von Zahlen und Fakten aus. Deutschland hat rund 55 Millionen Einwohner mit einer durchschnittlichen Lebenserwartung zwischen 40 und 50 Jahren. 1 520 889 davon leben – bei leichtem Frauenüberschuß – in Pommern (darunter der Menschenschlag des Blauen Ländchens um Lauenburg, der älter als der

Reichsdurchschnitt wird). 1 476 300 Pommern sind evangelisch, 27 476 katholisch, 4788 „sonstige" Christen, 12 246 „Israeliten". Pommern, das Land der Kartoffel-, Roggen- und Haferfelder, der Küste und lichten Kiefernwälder, hat eine Hauptstadt (Stettin), eine „heimliche Hauptstadt" für Hinterpommern (Stolp), 71 kleine, meist enge Landstädte, 2109 Landgemeinden und 2516 Gutsbezirke.

Für den, der sich für Statistiken näher interessiert, sind 8382 Personen im Vorjahr nach Übersee ausgewandert, haben 247 Selbstmorde, 10 910 Verbrechen und Vergehen verübt. In der Provinz (Fläche: 30 110 qkm) kommen 51 Personen auf einen Quadratkilometer, damit 2 weniger als in Ostpreußen. Die Volksbildung ist gut, von den im Ersatzjahr 1889/90 eingestellten 6107 Rekruten erweisen sich nur 13 als Analphabeten. Pommerns 317 Brauereien stoßen 658 304 Hektoliter Bier aus. Mit Kolberg, Swine-

münde und Stralsund hat die Provinz für kommende Abenteuer 3 Festungen, bzw. Küstenbefestigungen, eine Kriegsschule in Anklam und eine Kadettenanstalt in Köslin. Militärisch zuständig für Pommern und den Regierungsbezirk Bromberg ist das Generalkommando des 2. Armeekorps in Stettin.

Pommern ist Deutschlands wichtigstes landwirtschaftliches Überschußgebiet. Von Kartoffeln mit Namen wie „Ackersegen" und „Erdgold", von Schweinen, Roggen oder Runkelrüben profitieren besonders Berlin, Brandenburg und das Ruhrgebiet. Pommerns Hausvogel ist die Gans. Obwohl auch im übrigen Deutschland bevorzugtes Federvieh, kommt praktisch nur der pommerschen Gans Weltruf zu. Und Pommern reicht weiter: Lachsforellen, wenn sie im Krummen Wasser, einem Nebenfluß der Persante gefangen wurden, Oderkrebse (tatsächlich die edelsten

*Köslin am Fuß des Gollen mit der spätgotischen Backsteinbasilika St. Marien (14. Jh.). Nach der Reformation fürstbischöfliche Residenz, im Dreißigjährigen Krieg schwer heimgesucht, vernichtet der schwere Brand von 1718 nahezu die ganze Stadt. St. Marien bleibt erhalten.*

Krebse der Welt), Saatkrähen oder Brattäubchen gehören in den Bereich der Schlemmerei. Genau wie die hier aufgelesenen Möwen- und Kiebitzeier, die ein Fürst Bismarck mit besonderem Genuß verzehrte.

Die meisten Pommern finden Beschäftigung in Ackerbau, Viehzucht und Forstwirtschaft, im Küstengebiet in der Fischerei. Pommerns Fischern sind Heringe, Flundern, Aale, Plötze, Barsche und Brasse (hin und wieder auch ein „Saalhund") in Netze, Körbe und Reusen gegangen. Der bekannteste Fisch ist der Hering, der wertvollste der Lachs geblieben. Die Industrie konzentriert sich weitgehend auf den Regierungsbezirk Stettin. Was fehlt sind Bodenschätze und Energiequellen, was hemmt ist die geringe Bevölkerungsdichte. Wandern die Pommern doch gerne nach Berlin, Brandenburg und Sachsen, vom Pulsschlag von Kohle und Stahl angezogen auch ins Ruhrgebiet des

Gründer-Booms aus ... es ist Preußens Wilder Westen, der die Landflucht fördert. Neben Westpreußen (später auch Posen) hat das Küstengebiet den höchsten Bevölkerungsverlust des deutschen Ostens, womit die Pommern zum Stamm ohne Grenzen werden. Bereits 1907 lebt jeder vierte Pommer landflüchtig fern der Heimat, alleine in Berlin sind es 127 000, was der Zahl der aufaddierten Einwohner Greifswalds, Stargards und Stralsunds entspricht.

Als in der 2. Hälfte des 19. Jahrhunderts die Nationalitätenfrage entsteht, das Denken in übersteigerten nationalstaatlichen Kategorien, trennen die Pommern keine nationalen Gesichtspunkte. Nach jahrhundertelanger Zugehörigkeit zum deutschen Kulturgebiet, dann der Einbindung im kleindeutsch-preußischen Reich, gibt es im Land trotz dekorativer Wendenreste keine echte nationale Minderheit. Selbst jenes schwebende Volkstum mit seiner unsicheren Identität, die aus deutschem Selbstbewußtsein und slawischen Traditionen etwa in den Kreisen Stolp, Lauenburg und Bütow besteht, wo lange noch kaschubisch gesprochen wurde, ist ohne größere Bedeutung. Historisch interessant, daß die brandenburgischen Kurfürsten und preußischen Könige jeweils den Titel „Herzog der Wenden und Kaschuben" trugen, obwohl es nie ein kaschubisches Herzogtum gegeben hat.

Abseits der großen Politik sind es jetzt 2 Pommern, die den Homo sapiens fliegen lernen. Zusammen mit Bruder Gustav versucht der 1848 in Anklam geborene Tuchhändlersohn Otto Lilienthal mit menschentragenden Apparaten den Flug der Vögel nachzuvollziehen. In seiner Heimat

*Pommersches Fischerhaus, in den Dünen vor Sandtreiben und Sturm geschützt. Bis gegen Ende des 19. Jh. lebten Pommerns Küstenbewohner noch vorwiegend vom Fischfang.*

*Seite 76: Fischer beim Netzeflicken. – Kamp an der Rega. Kamp, das kleine Fischer- und Bauerndorf im Kreis Greifenberg, ist bekannt für eine Reihe niedersächsischer Rauchhäuser mit Rohrdach und Fachwerk. Giebel und Hauseinfahrt deuten zur Rega hin.*

*Rummelsburg: Blick in die Bahnhofstraße. Bereits im frühen 14. Jh. erwähnt, erhält Rummelsburg erst 1721 Stadtrecht. Danach entwickelt sich die Stadt zu einem der bedeutendsten Industriestandorte im östlichen Pommern.*

*Seite 79: Hauptstraße von Friedrichshuld/Kreis Rummelsburg. Im 18. Jh. umbenannt, erinnert der Name des alten „Billerbeck" an die Förderung durch Friedrich den Großen. In Friedrichshuld wurde einst eine Kolonie schlesischer Weber angesiedelt.*

an der Peene hat er das Flugverhalten der Störche studiert, bei ersten Luftsprüngen gegen den Wind gibt es Knochenbrüche und Verstauchungen, doch eines Tages gelingt den Gebrüdern Lilienthal der „Flug". Zunächst nur einige Sekunden lang im Hangaufwind, fliegen sie in Derwitz, einem märkischen Dorf bei Berlin, schon 250 m weit und 80 m hoch. 1893 meldet Otto Lilienthal einen zusammenlegbaren Flugapparat zum Patent an. Er konstruiert noch einen Eindecker, einen Doppeldecker und Schwingenflügler, bevor er mit dem Gleiter Nr. 7 am Gollenberg bei Stölln abstürzt. Deutschlands Flugpionier stirbt in einer Berliner Klinik, die Gebrüder Wright, denen 1903 der erste

Geradeausflug, 1904 die Kurve gelingt, vollenden seine Pläne. Bereits im Ersten Weltkrieg werden Flugzeuge als Kampfmittel eingesetzt ...

Um die Jahrhundertwende ist Deutschland führende Industrienation. Es hält Europas Gleichgewicht, nutzt die Vermittlerrolle zwischen Ost und West. Doch das gewaltige Industriepotential, der rasante Bevölkerungszuwachs und die ungeschickte Machtpolitik Kaiser Wilhelms II. – bei dessen Auftritten Theodor Fontane jeweils „himmelangst" wird – haben das Ausland alarmiert. Dieser Fontane, der für seine zitatenversessene Zeit das geflügelte Wort „etwas ist faul im Staate Preußen" prägt, ist allerdings nur „halber

*Schlawe: das Kösliner Tor aus der Stadtmauer (15. Jh.). Bereits im 12. Jh. erwähnt, erhält die Stadt an der Wipper 1317 lübisches Recht. Aus Schlawe stammt Hans Bredow, der „Vater des deutschen Rundfunks".*

Pommer": Der Romancier hat – „Ja Swinemünde war herrlich" – in der Nordostecke Usedoms gelebt, als sein Vater dort eine Apotheke besaß. (Den Roman „Effi Briest" läßt Fontane im ländlichen Pommern spielen.)

**Von Versailles bis Potsdam**

Nach Ausbruch des in kaiserlicher Propaganda verheißenen frischfröhlichen Kriegs – „Weltpolitik als Aufgabe, Weltmacht als Ziel, hurra, hurra, hurra" – dringen die Russen ins Preußenland vor, das eine echte Sicherungslinie erst an der Weichsel errichtet hat. Hier ordnen sich die Ereignisse ein, mit denen ein neuer polnischer Staat entsteht. Im November 1916 proklamieren Deutschland und Österreich in der Hoffnung, einen Verbündeten zu gewinnen, das polnische Königreich. Noch bevor der Zusammenschluß eines freien Polens mit den Mittelmächten gültig geklärt

ist, erheben Vertreter der polnischen Emigration territoriale Ansprüche auch auf deutsche Gebiete.

Im April 1917 macht sich der bolschewistische Revolutionär Wladimir Iljitsch Uljanow, der sich seit seiner sibirischen Gefangenschaft Lenin nennt, mit Perücke und ohne Bart auf den historischen, vom Kaiserreich mitfinanzierten Weg von der Schweiz über Schweden nach Rußland. Saßnitz, das Weltbad auf Rügen, ist Zwischenstation. Hier wird Lenins Reisewagen, in dessen Abteil Nr. 7 er gesessen hatte, eines Tages ausgestellt.

1918 geht Hindenburg mit seinen Truppen „aufrecht und stolz aus dem Kampfe, den wir gegen eine Welt von Feinden bestanden haben". Nach 4 Jahren Krieg, der außerhalb Pommerns stattgefunden hat, sind 3 Monarchien politisch und militärisch am Ende, die Politiker an einem Neubeginn. Wilhelm II. wird zur Abdankung gezwungen, Deutschland Republik. Mit dem von den Siegermächten diktierten Versailler Vertrag verliert „Luther im deutschen Norden einen Krieg" (Papst Benedikt XV.). Dem neuen polnischen Staat wird fast ganz Westpreußen links der Weichsel zugeschlagen, dazu das Kulmerland, der größte Teil Posens, der östliche Zipfel Pommerns, 4 niederschlesische und 2 ostpreußische Kreise. Danzig kommt mit kleinem Hinterland als Freistaat unter Aufsicht des Völkerbunds. Damit ist Ostpreußen, das Land zwischen Weichsel und Memel wieder räumlich eingeschnürt: Zwischen Deutschlands fernem Osten und Hinterpommern liegt der sogenannte Korridor.

Aus den westlich der neuen polnischen Grenze liegenden Teilen der früheren Provinzen Westpreußen (die Kreise Flatow, Deutsch Krone und Schlochau) und Posen (die Kreise Netze, Schwerin/Warthe, Meseritz,

Bomst, Fraustadt und der Stadtkreis Schneidemühl) bildet der preußische Staat die Provinz Grenzmark Posen-Westpreußen, die – alles andere als ein geographisch geschlossener Raum – schnell zum wirtschaftlichen Notstandsgebiet wird. Die Grenzmärker sind zum Teil Slawen, besonders im Kreis Flatow, wo eine vollständige „Germanisierung" nie so recht gelingen wollte. Als einziges größere Zentrum kann die Hauptstadt Schneidemühl gelten, die hart an der Reichsgrenze liegt. In ihrem rein landwirtschaftlichen Umland sind nur noch Landstädte und örtliche Märkte zu finden. Deren einst vorwiegend polnische Namen hat sich der deutsche Neusiedler wie im Trzcianka/Schönlanke mundgerecht gemacht.

Zwischen den Kriegen werden Güter aufgeteilt, neue Siedlerstellen geschaffen. Nachdem im Zuge einer Reichsreform die Grenzmark wieder aufgelöst ist, geht über Schönlanke,

*Stolp an der Stolpe: Blick auf Rathaus und Marktplatz. Zweitgrößte Stadt Pommerns, ist Stolp der kulturelle und wirtschaftliche Mittelpunkt Hinterpommerns. Sein Hafen Stolpmünde hat den größten Umschlag an der hinterpommerschen Küste.*

Schneidemühl und Flatow Pommerns Sonne auf. Beim klassischen Land der Junker sind jetzt klassische Ländereien des preußischen Beamtentums, der preußisch-strengen Kastenordnung. War es in Posen doch so: Der Rittergutsbesitzer mied den Umgang mit dem Gutsbesitzer, der Gutsbesitzer setzte sich vom Bauern ab, der Bauer vom Arbeiter, und der Bürger in der Stadt sah es als besondere Ehre an, wenn er mit dem seinem Besitzstand entsprechenden Rang der Beamtenklasse verkehren durfte. Die Posener galten als praktisch und pflichtbewußt, nüchtern, rauh und hart, arbeitsam und „amtlich kühl", vermieden mit scheuer Zurückhaltung alles, was auffiel. Man verglich sie gerne mit den dunklen Waldseen ihres Landes ... ein sinniger Vergleich, hin und wieder etwas unbalanciert, da die Menschen dort eher prosaisch als poetisch waren.

Ausgerechnet die so bestimmenden Beamten, die dem Deutschtum die Eigenart aufdrückten, kamen in der Regel jedoch von außerhalb der Provinz, fühlten sich im „Preußen königlich

*Der verlorenen Heimat verbunden: Zeitungsköpfe heimatvertriebener Pommern nach 1945.*

*Klingelmilchwagen der Stolper Molkerei in der Zeit zwischen den Weltkriegen.*

*Seite 82: St. Marien in Stolp (um 1500), ein gewaltiger spätgotischer Backsteinbau mit barocker Spitze.*

*Bütow: das von den Deutschrittern um 1400 errichtete Ordensschloß. Für seine Waffenhilfe bei Tannenberg wird Pommernherzog Bogislaw VIII. von Polenkönig Jagiello mit Bütow belohnt. Die Stadt, hart an der Grenze zu Westpreußen, ist in neuerer Zeit Standort einer Eisen- und Holzindustrie.*

polnischen Anteils" wie Verbannte. Sie hatten daher auch nur den einen Wunsch, so schnell wie möglich wieder aus dem „Exil" in die Heimat entlassen zu werden. Es half nichts, daß die Regierung mit Ostmarkenzulagen lockte. Der Beamte wollte fort, war bei seiner Stellung rundherum Vorbild, wenn es ums Abwandern ging. So war es zum Zuzug polnischer Wanderarbeiter gekommen. Die Deutschen wanderten dann fort, weil Fremde einwanderten, die Fremden wanderten ein, weil Einheimische fortwanderten. Dadurch fehlte dem Deutschtum die „Liebe des eingeborenen Sohnes", der praktisch-klare Sinn, mit dem der Mensch an seiner Scholle klebt ...

1931 erscheint mit „Bauern, Bonzen und Bomben" der erste Roman Hans Falladas. Der Greifswalder hat sich über den Nachtwächter, Kartoffelzüchter und Rowohlt-Angestellten zum Schriftsteller hochgearbeitet. Mit genialer Beobachtungsgabe beschreibt er das Schicksal des Kleinbürgers und die drückende Not der Ausgestoßenen in der von Krisen geschüttelten Zwischenkriegszeit. Charaktere, die in „Wer einmal aus dem Blechnapf frißt" an den Spannungen und Widersprüchen der Weimarer Republik zerbrechen.

Der preußische Osten hat an Bedeutung gewonnen. Weniger als landwirtschaftliches Erzeugungsgebiet, machten Kanonen doch mächtig, Butter nur fett. Dafür wird die Landschaft zum „großen Sturmabwehrgebiet gegen die immer deutlicher werdende Möglichkeit slawischer biopolitischer Westexpansion". Gerade Pommern ist zur Abwehr bereit. 1925 haben dort 98 % der Bevölkerung Deutsch als Muttersprache angegeben, 1932 nur 0,04 % für die polnische Liste gestimmt. Noch einmal einigen sich das Reich und Polen auf einen Nichtangriffspakt, kommt es zur „Deutsch-Polnischen Erklärung über die Behandlung der Minderheiten", die „zur fortschreitenden Festigung des gutnachbarschaftlichen Verhältnisses" ein harmonisches Zusammenleben der jeweiligen Minderheit mit dem Staatsvolk verspricht.

Für kommende Operationen, ausgelöst durch die „Danzig/Korridor-Frage", liegt Pommern im Wehrkreis II (Stettin). Das Heer unterhält Garnisonen in Greifswald, Köslin, Stolp, Stettin, Stralsund und Kolberg. Marinestützpunkte sind in Swinemünde, Stralsund und Saßnitz eingerichtet, die Luftwaffe hat Standorte in Stolp, Stettin, Barth, Schneidemühl, in Barth und auf Rügen. In den Kreisen Schlochau und Neustettin, bei Groß Born und Hammerstein übt die Truppe, die Heeresschulen in Treptow und Greifenberg unterhält. In Crössingsee ist 1936 ein nationalso-

zialistisches Schulungszentrum eröffnet worden, das Theater von Putbus dient als Nationalpolitische Erziehungsanstalt. Beim alten Fischerdorf Peenemünde auf dem Nordwestzipfel der Insel Usedom arbeitet eine Versuchsstation des Heeres für Raketen und ferngelenkte Waffen. Hier versucht sich ein noch recht unbekannter Wernher von Braun an den Triebwerken der V (Vergeltungswaffe) 1, hier wird aus der A4 die erste automatisch gesteuerte Flüssigkeitsrakete (und „Wunderwaffe") V2 entwickelt.

Im Oktober 1938, noch einmal im März 1939 fordert Hitler die sofortige Rückkehr Danzigs in den Verband des Deutschen Reichs und eine exterritoriale Auto- und Eisenbahn durch den Korridor, worauf er aus Polen die Absage erhält. Im Juni 1939 fällt der in Warschau vorgesehene Länderkampf der Amateurboxer Deutschlands gegen Polen aus. In der offiziellen Be-

*Blick auf Lauenburg. Vom Deutschen Orden 1341 gegründet, wechselt die Stadt nach dem Niedergang des Ordensstaats mehrmals den Besitzer, bevor sie 1777 zu Pommern kommt. 1939 mit rund 19 000 Einwohnern wird Lauenburg 1945 Opfer sinnloser Zerstörungswut von Polen und Russen.*

gründung heißt es, daß „die deutschen Spitzenkönner zur Zeit zum
größten Teil ihre Dienstpflicht bei der
Wehrmacht ableisten" müßten. Im
August kommt es zum Zusatzproto-
koll des „Hitler-Stalin-Pakts", womit
im Prinzip eine 4. polnische Teilung
vereinbart wird: „Die Frage, ob die
beiderseitigen Interessen die Erhal-
tung eines polnischen Staates er-
wünscht erscheinen lassen und wie
dieser Staat abzugrenzen wäre, kann
endgültig erst im Laufe der weiteren
politischen Entwicklung geklärt werden"! Am Morgen des 1. September
beginnt der zweite Weltkrieg des Jahrhunderts, eröffnet mit Breitseiten aus
den Geschützen des im Danziger Hafen liegenden deutschen Schulschiffs
„Schleswig-Holstein". Ihr Ziel sind
polnische Armeeeinheiten auf der
Westerplatte. Gleichzeitig tritt die
Heeresgruppe Nord von Pommern,
Ostpreußen und Schlesien aus zum
Angriff an.

Mit den schnellen Niederlagen seiner
Armeen, die tiefgründige Namen wie

„Posen", „Pommerellen" und „Preußen" tragen, wird Polen im „Blitz-
krieg von 18 Tagen" noch einmal zer-
schlagen. Der Bromberger „Blutsonn-
tag", dem rund 7000 Volksdeutsche
zum Opfer gefallen sind, dient der
deutschen Propaganda jetzt zur Moti-
vierung einer harten Polenpolitik.
Den „totalen Krieg" beantworten die
Westmächte mit dem verstärkten
Luftkrieg, der die Zivilbevölkerung
nicht verschont. Sicherheit verspricht nur Hinterpommern, das zum
„Luftschutzkeller des Reichs", zum
Zufluchtsort für Menschen, ganze
Schulklassen aus gefährdeten Gebieten wird.

Pommern bleibt vom Luftkrieg nicht
verschont. Bei einem Angriff von 600
RAF-Maschinen auf Peenemünde
kommen 735 Menschen ums Leben
(die Waffenproduktion wird daraufhin in den Harz verlegt). Ein An-
flug Swinemündes fordert rund
25 000 Tote: In der Stadt an der Pommerschen Bucht, von 1435 Tonnen
Bomben der US Air Force getroffen,

hatten zahllose Flüchtlinge auf die Rettung über See gewartet. Bomben fallen auch auf Stettin und Anklam. Noch im März 1945 fliegen feindliche Flugzeuge Stargard an. Die Hansestadt an der Ihna, die mit St. Marien Pommerns größte Backsteinkirche als Wahrzeichen hat, ist bei Kriegsende dann zu 70 % zerstört, praktisch dem Boden gleichgemacht.

Im Dezember 1944 erklärt die polnische Exilregierung, daß sie eine Ausdehnung Polens nach Westen suche, aber keinen Anspruch auf Stettin erhebe. Im Januar gelingt den Sowjets der Einbruch in die „Pommernstellung". Nicht ohne Ironie wird beinahe zeitgleich in der Atlantikfestung von La Rochelle der historische Kriegsfilm „Kolberg" uraufgeführt. Der auf Wunsch von Propagandaminister Goebbels gedrehte Ufa-Streifen mit Kristina Söderbaum (als Maria) und Heinrich George (als Nettelbeck) erhält das Prädikat „Film der Nation".

Doch die heldenhafte Verteidigung der Festung Kolberg gegen Napoleon und Überblendungen in den Befreiungskrieg von 1813 eignen sich längst nicht mehr, um den Deutschen Hoffnungen auf den versprochenen Endsieg zu machen.

In und um Pommern bricht das Inferno los: Auf dem Weg nach Berlin wird das Land von feindlichen Panzern überrollt. Bei Stolperbank nimmt das ehemalige KdF-Schiff Wilhelm Gustloff rund 5300 Flüchtlinge mit in die Tiefe. Vor Pommerns Küste sinken die „General von Steuben", die „Andros", die „Karlsruhe" und die „Goya". Beim Versuch, zu retten, was nicht mehr zu retten ist, geht der berühmte Domschatz von Cammin verloren. Darunter der legendäre, nordisch-heidnische Cordulaschrein, ein Kasten aus Elchschaufelplatten, in dem nach der Legende die Gebeine der heiligen Cordula aufbewahrt waren. Aus Kolberg können 68 000 Be-

*Schlochau mit der alten Ordenskirche (rechts mit stumpfem Turm). Die Schlochauer Ordensburg der Deutschherrn galt als zweitgrößte Festung des Ordenslandes. Im 18. Jh. wird die Burg von den Schlochauern Stein für Stein abgetragen, um ihre brandgeschädigte Stadt neu aufzubauen.*

wohner, 1200 Verwundete und 5200 Soldaten evakuiert werden, bevor es nach 14tägiger Einschließung durch polnische und sowjetische Verbände erobert wird. Am 26. April 1945 stürmt die 2. sowjetische Stoß-Armee unter Generaloberst Fedjuninski die alte Pommernfeste Stettin. Greifs- wald, das rechtzeitig kapituliert, bleibt unzerstört.

Das Kriegsende, die totalste aller Niederlagen, unterstellt Hinterpommern mit Stettin und dessen nördlichem wie westlichem Hinterland, der Insel Wollin und dem Ostteil von Usedom der „vorläufigen" polnischen Verwal-

*Blick auf Schneidemühl. Hauptstadt des aus Resten Posens und Westpreußens zusammengefaßten Regierungsbezirks Grenzmark Posen-Westpreußen, wird Schneidemühl nach dem Diktat von Versailles von wichtigen Märkten wie Posen und Blomberg abgeschnitten.*

*Zugbrücke in Usch, südlich von Schneidemühl. Durch die Grenzziehung von 1919/20 wird Usch, in der Nähe der Mündung der Küddow in die Netze, zum Grenzort. Symbolisch dafür steht die alte Zugbrücke, die von polnischer Seite allabendlich hochgezogen wird.*

*Seite 88: Holzkirche in der Nähe von Deutsch Krone auf dem pommerschen Landrücken. Das Gebiet um Deutsch Krone, seit der 1. Polnischen Teilung bei Preußen, kommt 1938 mit der Grenzmark Posen-Westpreußen zu Pommern.*

*Filehne im Netzebruch. 1458 als Stadt genannt, ursprünglich bei Pommern, liegt Filehne nach Inkrafttreten des Versailler Diktats jenseits der Grenze, die der Fluß bildet. Auf deutscher Seite entsteht Deutsch-Filehne.*

tung. Westpommern wächst in der sowjetischen Besatzungszone kurzfristig zu einem Mecklenburg/Vorpommern zusammen, um dann als Ostmecklenburg in den Verwaltungsbezirken Rostock, Neubrandenburg und Frankfurt/Oder aufzugehen. Eine „endgültige" deutsche Ost- und polnische Westgrenze ist der „Lösung der Territorialfragen durch eine Friedensregelung" vorbehalten, doch Polen sieht in den besetzten ("wiedererlangten") Gebieten eine Kompensation für Ländereien, die von der Sowjetunion annektiert worden sind. Auf dem Weg zur geteilten Welt läßt sich die Regierung Bierut durch Volksabstimmung die Teilung Pommerns als endgültig bestätigen. Ostberlin erkennt die Oder-Neiße-Grenze als „internationale, unantast-

bare Friedens- und Freundschaftsgrenze" an.

In Ostpommern hatten bei Kriegsbeginn 1,8 Millionen Deutsche gelebt. Nach Fluchtbewegungen vor der Roten Armee waren 1945 rund 1 Million zurückgeblieben. Ihre Zahl ist 1950 auf knapp 50 000 zusammengestrichen. Der Rest ist aus polnischer Sicht „in ordnungsgemäßer und humaner Weise" ausgesiedelt. Das Schicksal von 365 000 Ostpommern gilt in nüchternen Worten als „Flucht- und Vertreibungsverlust". Dafür rücken in Kolobrzeg (Kolberg), Koszalin (Köslin), Slupsk (Stolp) oder Szczecinek (Neustettin) „wilde Siedler" aus den angrenzenden Woiwodschaften und aus Zentralpolen nach. Mit ihnen kommen Polen aus den ehemaligen polnischen Ostprovinzen, die dem Staatsgebiet der UdSSR eingegliedert sind. Land und Leute werden planwirtschaftlichen Zwecken zugeführt.

Während des Kriegs hatte der Stettiner Heinrich George im Bismarckfilm „Die Entlassung" die Rolle des Architekten Schlüter gespielt. Die Hauptaussage des Streifens: „Das Leben vergeht, das Werk ist unvergänglich". Nach Kriegsende stürzt der preußische Junker aus dem altmärkischen Schönhausen vom Sockel seines Stolper Denkmals, um dem polnischen Landadeligen Henryk Sienkiewicz aus Wola Okrzejska bei Maciejowice Platz zu machen. 1965 erklärt Kardinal Wyszynski, der Primas von Polen, die Erreichung des Ziels der Gegenreformation durch die Zerschlagung des Deutschen Reichs und Vernichtung des preußischen Staats. 1950 mahnt die Charta der deutschen Heimatvertriebenen „... Heimatlose sind Fremdlinge auf dieser Erde. Gott hat die Menschen in ihre Heimat hineingestellt. Den Menschen mit Zwang von seiner Heimat trennen, bedeutet, ihn im Geiste töten ..." 1973 folgt das Pommern-Manifest: „... Wir Pommern wollen eine Zukunft Europas, die Grenzen durch Freiheit überwindet; dazu wollen wir uns untereinander, miteinander und füreinander verbinden, Pommern – Deutsche – Europäer."

Der Fall der Mauer, der Deutschland wieder etwas „preußischer" macht, bringt Vorpommern in die Atlanten zurück (typisch deutsche Landkarten hatten es dort ohnehin belassen). Womit rund 45 Jahre nach Kriegsende die Ostmecklenburger wieder Pommern sind. Über Ost- oder Hinterpommern bleibt das polnische Pomorze stehen: die Oder mit einer imaginären Linie im seichten Mündungsbusen des Haffs und die Lausitzer Neiße haben sich auf der Basis entstandener Realitäten als „natürliche Sicherheitslinie" Polens etabliert. Deutschland hat anerkannt, daß Pommern östlich der Oder, aber auch Stettin, Swinemünde oder Politz nicht mehr deutsch sind.

Das Leben vergeht, das Werk ist unvergänglich.

*Grenzstein an der Küddow bei Königsblick in der Nähe von Schneidemühl. Zwischen den beiden Weltkriegen folgt die Grenzziehung zwischen Deutschland und Polen oberhalb von Usch eine kurze Strecke dem Lauf der Küddow, einem nördlichen Nebenfluß der Netze.*

Werner von Blomberg

Hans Fallada

Caspar David Friedrich

# Alphabet
# der Pommern

Werner von Blomberg (1878 Stargard – 1946), Reichswehrminister, Generalfeldmarschall (in amerikanischer Haft gestorben).

Sidonie von Borcke (gest. 1620), Nonne, „Klosterhexe", der Wilhelm Meinhold im Roman ein Denkmal setzte.

Hans Bredow (1879 Schlawe – 1959), Rundfunkpionier, „Vater des deutschen Rundfunks".

Ludwig Wilhelm Brüggemann (1743 Jacobshagen – 1817), Garnisons- und Schloßprediger, Seelsorger der Hohenzollern.

Johann Bugenhagen (Doktor Pomeranus, Hans Pommer 1485 Wollin – 1558), Reformator Pommerns, übersetzte die Bibel ins Plattdeutsche.

Christian Andreas Cothenius (1708 Anklam – 1789), Leibarzt Friedrich des Großen.

Paul Dahlke (1904 Streitz – 1984), Schauspieler („Des Teufels General").

Hans Domnick (1909 Greifswald – 1985), Filmproduzent („Traumstraße der Welt").

Peter van Eyck (1913 Steinwehr – 1969), Schauspieler („Lohn der Angst").

Jacob Fabricius (1593 Köslin – 1654), Kirchenliederdichter, Feldprediger Gustav Adolfs von Schweden.

Hans Fallada (eigtl. Rudolf Dietzen 1893 Greifswald – 1947), Schriftsteller („Wolf unter Wölfen", „Jeder stirbt für sich allein").

Otto Freundlich (1878 Stolp – 1943 im KZ Lublin/Maidanek), Maler und Bildhauer, Mitbegründer der abstrakten Kunst.

Caspar David Friedrich (1774 Greifswald – 1840), Maler der Romantik („Der Mönch am Meer", „Das Kreuz im Gebirge").

Carl Friedrich Goerdeler (1884 Schneidemühl – 1945), Oberbürgermeister von Leipzig, eine der Zentralfiguren des Widerstands gegen Hitler.

Klaus Granzow (1927 Mützenow – 1988), Schriftsteller und Schauspieler („Bei uns im Dorf", „Krischan vertellt").

Karl Gützlaff (1803 Pyritz – 1851), Missionar, übersetzte die Bibel ins Chinesische.

Johann Timotheus Hermes (1738 Petznick – 1821), Lehrer, Prediger und Schriftsteller („Sophiens Reise von Memel nach Sachsen").

Uwe Johnson (1934 Cammin – 1984), Schriftsteller („Jahrestage", „Mutmaßungen über Jakob").

Thomas Kantzow (1505 Stralsund – 1542), Chronist („Pomerania, Ursprunck, Aldtheit und Geschicht der Volker und Lande Pommern", niederdeutsch hrsg. von Kosegarten, Greifswald 1819).

Ewald Christian von Kleist (1715 Gut Zeblin bei Bublitz – 1759), Dichter der Vorklassik.

Ewald von Kleist-Schmenzin (1890 Groß Dubberow – 1945), Gutsbesitzer, als Widerstandskämpfer hingerichtet.

Paul Konewka (1840 Greifswald – 1871), Schattenbildzeichner, Meister des Scherenschnitts („12 Blätter zu Goethes Faust").

Karl Friedrich von Ledebour (1785 Stralsund – 1851), Botaniker.

Heinrich Graf Luckner (1891 Kolberg – 1970), Porträtmaler.

Franz Mehring (1846 Schlawe – 1919), Politiker und Schriftsteller, gründete mit Rosa Luxemburg „Die Internationale Zeitschrift für Praxis und Theorie des Marxismus" (1917).

Wilhelm Meinhold (1797 Netzelkow – 1851), Pfarrer und Schriftsteller („Maria Schweidler, die Bernsteinhexe").

Hans-Joachim von Merkatz (1905 Stargard – 1982), Bundesminister.

Martha Müller-Grählert (geb. Johanna Friedricke Karoline Daatz, 1876 Barth – 1939), Heimatdichterin („Sonnekringel", „Mine Heimat").

Joachim Nettelbeck (1738 Kolberg – 1824), Volksheld, verhinderte 1806 die Übergabe Kolbergs an Napoleon.

Paul Nipkow (1860 Lauenburg – 1940), Pionier des Fernsehwesens.

Elisabeth von Oertzen (1860 Trieglaff – 1929), Schriftstellerin („Pommerland").

Hermann Ploetz (1870 Cretlow – 1946), Schriftsteller („Das Licht").

Johann Printz (1592 ? – 1663), Oberstleutnant Gustav Adolfs, Gouverneur von Nuova Suedia, Gründer der ersten Brauerei Amerikas.

Hans Werner Richter (1908 Bansin – 1993), Schriftsteller, Gründer der Gruppe 47, „Pate der Literatur".

Johann Karl Rodbertus (1805 Greifswald – 1875), Nationalökonom, erster Theoretiker des wissenschaftlichen Sozialismus in Deutschland.

Albrecht Theodor Emil Graf von Roon (1803 Pleushagen – 1879), Generalfeldmarschall und preußischer Kriegsminister, Autor („Anfangsgründe der Erdkunde", „Denkwürdigkeiten Roons").

Philipp Otto Runge (1777 Wolgast – 1810), Maler, Heimatdichter.

Karl Wilhelm Scheele (1742 Stralsund – 1786), Chemiker, Entdecker von Chlor und Sauerstoff.

Sibylle Schwarz (1621 Greifswald – 1638), Dichterin.

Kurt Christoph Graf von Schwerin (1684 Wusseken – 1757), Generalfeldmarschall Friedrichs des Großen, der Sieger von Mollwitz.

Heinrich von Stephan (1831 Stolp – 1897), Generalpostmeister, der Schöpfer des modernen Postwesens und Erfinder der Postkarte.

Gerhard Stöck (1910 Schönlanke – 1985), Sportler, gewann bei den Olympischen Sommerspielen von 1936 Gold im Speerwerfen und Bronze im Kugelstoßen.

Klaus Störtebecker (angeblich Bauernsohn aus der Barther Gegend, hingerichtet 1401), Seeräuber.

Karl Teike (1864 Altdamm – 1922), Militärmusiker, Komponist („Alte Kameraden", „In Treue fest").

Henry Vahl (1897 Stralsund – 1977), Schauspieler.

Rudolf Carl Virchow (1821 Schivelbein – 1902), Mediziner, Politiker und Altertumsforscher. Begründer der Zellularpathologie.

Friedrich Wilhelm Karl von Württemberg (1754 Treptow – 1816), seit 1806 König von Württemberg.

*Ulrich von Hassell (1881 Anklam – 1944), Diplomat, als Widerstandskämpfer hingerichtet.*

*Otto Lilienthal (1848 Anklam – 1896), Ingenieur und Flugpionier.*

# Stettin, das Tor zur Ostsee

Jahrhunderte sollten ihnen Lob dafür zollen, die Zahl der Bewunderer blieb groß: Als die alten, verkehrspolitisch noch unerfahrenen Pomoranen gleich nach der Völkerwanderung das Fischer- und Handwerkerdorf Stitin anlegten, haben sie die Gunst der Lage recht praktisch genutzt. Rund 70 km vor der Ostsee floß die Untere Oder nur träge, waren Fluß und Nebenarme leicht zu überqueren. Der Platz hatte den direkten Zugang zur See, war zwischen Sumpfniederung und natürlicher Erhebung mit dem Erdwall zu schützen.

Um das Jahr 1100 über ältere Kulturen hinausgewachsen, ist Stettin auf der Westseite der Oder ein festgefügter, hin und wieder hart umkämpfter Hafen- und Handelsplatz. Ins Blickfeld der Geschichte rückt die Wendensiedlung, als sie nach der bösen Niederlage der heidnischen Pomoranen beim späteren Hohenkrug vom bereits christianisierten Polenherzog Boleslaw III. erobert wird. Zeitgenossen erinnern daran, daß die Kampfhandlungen Stettin, aber auch Vadam (Altdamm) dabei derart mit Kriegsschutt und Leichen übersäten, „daß der Wanderer nur mit Grausen vorübergehen konnte".

Drei Jahre später befürwortet Herzog Wartislaw I. der Bekenner die Einführung des Christentums. Von den Polen gerufen, vom pomoranischen Herzog gedeckt, kommt Bischof Otto von Bamberg mit einem Gefolge fränkischer Mönche, Geistlicher und Laien an die Oder. Allerdings zeigt man in der „ältesten und edelsten Stadt, der Mutter der Städte im Pommernlande" noch wenig Eile, auf Neuerungen wie einen deutschen Gott einzugehen – woraus zu schließen ist, daß sich Otto bereits zu diesem Zeitpunkt unter Pommern (!) befand. Der missionarische Erfolg setzt erst ein, nachdem der Polenfürst einem „christlichen"

*Seite 94: In der Buchheide. Ein Ausläufer des Hinterpommerschen Landrükkens, ist die knapp 7000 Hektar große „Heide" ein bevorzugtes Ausflugsgebiet der Stettiner.*

*Stettin: Blick von der Bahnhofsbrücke. Groß-Stettin (seit 1939) ist flächenmäßig nach Berlin und Hamburg Deutschlands drittgrößte Stadt.*

Stettin die jährlichen Tributzahlungen erläßt. Darauf beginnen die Franken mit dem Bau einer Kirche, wahrscheinlich an jener Stelle, wo später St. Peter und Paul errichtet wird.

In einer Seuche, die die Siedlung nach Ottos Abschied heimsucht, sehen die Pommern die Strafe wendischer Götter, die nur durch die Rückkehr zu heidnischen Praktiken umzustimmen sind. Um neue Kriegshandlungen zu verhindern, kehrt der Pommernapostel nach Stettin zurück, wo er die Bevölkerung ein weiteres Mal bekehrt. Auf Ottos Spur folgen deutsche Kauf- und Seeleute, Handwerker und Bauern, die sich neben den eingeborenen Stettinern in der Unter- und Oberstadt um die Burg niederlassen. 1187 beginnen sie dort auf Initiative des aus Bamberg zugewanderten Kaufmanns Jakob Beringer mit dem Bau der Jakobikirche. Etwa um die gleiche Zeit – Pommern war den Dänen in der Seeschlacht im Greifswalder Bodden unterlegen – verstärkt Knut VI. von Dänemark die Stettiner Burg. Im 13. Jahrhundert entstehen im Umland Klöster der Franziskaner, Zisterzienser, Wilhelmiten und Karmeliten.

Der breit, schwer und grau fließende Fluß bleibt die große Lebensader, die von Oder, Dunzig, Parnitz und dem Grünen Graben umflossene Lastadie wird bereits jetzt als Ladeplatz lokaler Kaufleute genannt. Die Siedlungen der Deutschen und Pomoranen wachsen allmählich zusammen, am 3. April 1243 verleiht Herzog Barnim I. Stettin das Magdeburger Stadtrecht. Anno 1254 wird am Heumarkt der Unterstadt mit dem Bau des Alten Rathauses begonnen, erstes Zeugnis – „denn wi kän'n dat joa" – für ein stolzes, selbstbewußtes Bürgertum. Mitte des 14. Jahrhunderts entsteht auf dem alten wendischen Burgwall das „Steinhaus", zu dem Barnim III. Schloßkirche und Herzogsgruft stellt. Bogislaw X., der erste Herzog, der

Pommern kurzfristig vereinigen kann, stellt neben Barnims Haus den Südflügel, einen Prachtbau mit Fanger- und Uhrturm, in Zukunft schlicht „das neue Haus" genannt. Optische Darstellung der Macht der pommerschen Herrscher ist es das Schloß der Greifen, das immer wieder an-, um- und ausgebaut Stettins Stadtgeschichte bis in unser Jahrhundert am besten dokumentiert.

So gerüstet tritt das stolze Stettin, im Fadenkreuz der Kulturgeographie, von Mauern geschützt, um ein Schloß postiert, an einem Fluß gelagert, der Hanse bei. Die Rolle eines deutschen See- und Binnenschiffahrtszentrum bringt der Stadt einigen Wohlstand, ein ständig in kostspielige Erbstreitigkeiten verwickeltes Herrscherhaus sorgt dafür, daß dieser nicht zu üppig wird. Dazu kommen Fehden im Familienkreis, was dazu führt, daß wütende Stettiner – den Greif im Wappen, wie knapp 40 andere Städte Pommerns auch – den Gollnowern die Ihna-Odermündung vernageln oder aufgebrachte Stargarder Stettiner Zolltürme stürmen, um nur 2 Beispiele zu nennen.

Die Reformation als deutlichste Abkehr von mittelalterlichen Lebensordnungen hat erhebliche Folgen auch für die Stadt am großen Strom. Stettin nimmt die neue Lehre ab 1522 an. Einfacher als Otto von Bamberg wird es dem von Luther entsandten Magister Paul von Rode allerdings nicht gemacht: Solange man ihn daran hindern kann, eine Kanzel zu besteigen, muß er unter freiem Himmel predigen. In das Jahrhundert fällt der Konkurs des Stettiner Handelshauses Loitz, das im Ostseehandel eine ähnliche Rolle spielt wie die Fugger des deutschen Südens. Als Fisch-, Holz- und Getreidehändler so groß geworden, daß es die Herzöge mitfinanziert, unterhält Loitz Geschäftsinteressen in ganz Europa. Die Stettiner pumpen nie, sondern pumpen anderen, bis eines Tages Rückzahlungen von

*Bogislaw XIV. (1580–1637). Mit Bogislaw XIV., Gemahl Elisabeths von Schleswig-Holstein, stirbt die männliche Linie des Greifenhauses aus.*

Großschuldnern ausbleiben. Das weitverzweigte Unternehmen muß den Bankrott anmelden, der praktisch ganz Pommern betrifft. Stettin steht vor dem finanziellen Ruin.

Im Dreißigjährigen Krieg ziehen Schweden und ein paar Finnen zuerst vor der Stadt auf, nach entsprechenden Drohungen auch hier ein. Gustav Adolf nimmt Quartier im früheren Kartäuserkloster „Gottesgnade", im Volksmund schlicht „Kartause" genannt. Den Stettinern wird die Verpflegung der Truppe mit monatlich rund 25 000 Taler in Rechnung gestellt. Zwei Jahre später, nach der Schlacht bei Lützen, wird der tote König, den Napoleon I. einmal zu den 8 größten Feldherrn der Weltgeschichte zählen sollte, über Stettin zurück nach Stockholm geführt.

Pommerns Herzöge tragen den aufgerichteten roten Greif im silbernen Schild. Geholfen hat ihnen das Fabeltier, seit der traumhaften Greifenfahrt Alexanders des Großen Synonym der Streitbarkeit, im Endeffekt allerdings nichts. Stirbt das Geschlecht der Swantibors, Kasimirs, Wartislaws oder Barnims im Mannesstamm doch bereits mit dem Tod Bogislaws XIV. aus. Wie die Zeiten waren … ausgerechnet dem letzten Greifen war es gelungen, von Stettin aus ein geeintes Pommern zu regieren. Zuletzt war er eher Gefangener der Schweden als eigentliche Macht im Lande, doch gedankt wurde ihm das Einigungswerk ohnehin nicht. Nach des Herzogs Tod werden seine eingesargten Gebeine irgendwo im Stettiner Schloß untergestellt, da weder die Bürger der Stadt noch die Schweden oder die erbberechtigten Brandenburger bereit waren, für die Kosten der Bestattung aufzukommen. Bogislaw wird der verdienten Ruhe erst 17 Jahre später zugeführt.

Im Westfälischen Frieden erhält der Brandenburger Friedrich Wilhelm le-

*Im Stettiner Hafen, mit den Türmen des Regierungsgebäudes Hakenterrasse im Hintergrund. Nach Hamburg und Bremen hat die Stadt oberhalb der Mündung der Oder ins Stettiner Haff den größten Hafen des Deutschen Reichs.*

*Friedrich Wilhelm (1620–1688). Brandenburgs barocker Herrscher, von aller Welt bewundernd-ironisch der Große Kurfürst genannt, erhält im Hof des Stettiner Schlosses einen Ehrenplatz.*

diglich Hinterpommern. Stettin, dem der Große Kurfürst eine beträchtliche Rolle zugedacht hatte, geht zusammen mit Vorpommern an Schweden. Ungerechtigkeiten, wie es sie in der Geschichte nun einmal gibt, die Friedrich Wilhelm jedoch dazu anspornen, das ihm Angeerbte mit Waffengewalt zu erobern. 1659 belagern brandenburgische, hinterpommersche und kaiserliche Truppen 46 Tage lang erfolglos die Stadt. Den Stettinern wird die Verteidigung mit einem Ehrenwappen nebst gnädigem Schreiben des Schwedenkönigs Karl XI. gedankt.

Erfolgreicher ist Friedrich Wilhelm ein paar Jahre später. Nachdem Brandenburger und Lüneburger mit glühenden Kugeln ihren mittelalterlichen, gotikgeprägten Kern zerschossen haben, ergibt sich die Stadt. Allerdings finden Eroberer wie Eroberte – so Zeitgenossen voll Entsetzen – hier jetzt keine Gasse mehr, „da man nach der Belagerung ungehindert gehen kann, weil halbe und ganze Giebel durch das abscheuliche Schießen in dieselbe gestürzt liegen, und kaum ein Haus, das nicht im Grunde verdorben ist." Jakobikirche und Peter und Paul haben ihre Türme verloren, die Schloßgebäude schwer gelitten. Obwohl ein erschöpfter Schwedenrest das Weite suchte, muß ihm Brandenburg die Odermetropole im Frieden von St. Germain wieder zurückgeben ... womit Stettin als Königsstadt Preußens für immer aus der Liste der Anwärter gestrichen ist. Die Stettiner erweisen sich als gute Verlierer. Eines Tages stellen sie in den Hof ihres Schlosses, gleich neben Bischof Otto von Bamberg, eine Denksäule mit der Bronzebüste Friedrich Wilhelms – jenem Friedrich Wilhelm, der mit der Zielgenauigkeit preußischer Schützen ihre Stadt einmal zerschossen hatte.

Im Nordischen Krieg von Schweden und Vorpommern verteidigt, von Russen, Sachsen, Preußen und Hin-

terpommern eingenommen, kommt Stettin auf Dauer erst mit dem Frieden von Stockholm an das Hohenzollernreich. Schon im Jahr darauf zieht Friedrich Wilhelm I. hier ein. Ganz Soldatenkönig, mit gutem Instinkt für kommende Zeiten, verlegt er 2 Infanterie-Regimenter an die Oder und ersetzt die mittelalterliche, in letzter Zeit durchlöcherte Befestigungsanlage: Mit den vorgeschobenen Forts Preußen, Wilhelm und Leopold wird Stettin zu einer der stärksten Festungen im norddeutschen Raum. So geschützt, kann die Kriegs- und Domänenkammer von Stargard an der Ihna nach Stettin an der Oder umziehen. Für preußische Tugenden sorgt Stadt-

Stettin: Blick von den Getreidespeichern auf die Stadt, im Vordergrund Werftanlagen mit einem Schwimmdock der Stettiner Oderwerke. In der linken Bildhälfte die St. Jakobikirche (1944 bei einem Bombenangriff zerstört).

Aus der Werbung des Stettiner Hermann Peters Verlags.

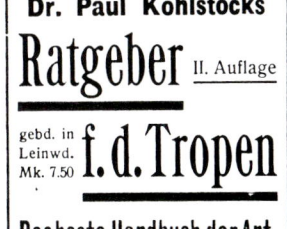

kommandant Fürst Christian August von Anhalt-Zerbst.

Friedrich Wilhelm I. zeigt seine Huld auch anderwärts: Er sorgt für den Ausbau der Swine, der Stettin zum wichtigsten Hafen Preußens macht, und kümmert sich darum, daß in Zukunft „ungehorsames, boshaftes und widerspenstiges Gesinde, lasterhafte und liederliche Personen" in ein städtisches „Zucht- und Spinnhaus" eingeliefert werden können. Er schenkt der Stadt einen Springbrunnen für den Roßmarkt, jagt Wölfe in der Buchheide und lädt hugenottische Glaubensflüchtlinge ein, die sich – von den Stettinern nicht gerade mit Sympathie begrüßt – in einer Französischen Kolonie zusammenschließen. Als wäre es nicht genug, entwirft Friedrich Wilhelms Festungsbaumeister Gerhard Cornelius von Wallrawe je ein Brandenburger (später Berliner) und ein Anklamer (später Königs-) Tor. Dieser Wallrawe ist vom ursprünglich holländischen Ingenieuroffizier zum Kommandeur des preußischen Ingenieurkorps aufgestiegen, hat neben Stettin auch in Magdeburg, Glogau und Neisse „befestigt" und in Preußens Heer das Wort Pionier (Pionniers) eingeführt. Pech für ihn ist, daß er wegen Verrats beim König in Ungnade fällt. Wallrawe stirbt – nicht ganz ohne Ironie – in Festungshaft.

*Das Stettiner Rathaus am Viktoriaplatz, 1875–78 nach Plänen des Stadtbaurats Kruhl errichtet. Stettin, als „Stätte am Zusammenfluß“ bereits in vorgeschichtlicher Zeit besiedelt, wird 1107 als Burg genannt. Mit der Christianisierung setzt sich der deutsche Einfluß durch: 1243 erhält Stettin deutsches Stadtrecht.*

Mit Preußen, damit im Vergleich zu anderen Handelsstädten der Region relativ spät, beginnt die eigentliche Blüte der Stadt. Friedrich der Große sorgt dafür, daß die Festungswerke stabil bleiben, Oderzölle aufgehoben und Sümpfe trockengelegt werden. Er fördert die lokale Industrie, besonders den Schiffbau, und gründet Augustwalde (Groß Stettin), das mit Pfälzer Bauern besiedelt wird. Weit über die Stadtgrenzen hinaus wirkt sein Vorschlag, einen in Stettins Großer Domstraße geborenen lebenslustigen Backfisch mit dem Anwärter auf Rußlands Thron zu verheiraten: Zarin Elisabeth, die alternde Tochter Peters des Großen, ist auf Brautschau, die 15jährige Prinzessin Sophie Auguste Friedericke von Anhalt-Zerbst „von schöner, blühender Gestalt“.

Die Ehe mit Großfürst Peter macht aus der protestantischen Preußin Sophie jene griechisch-orthodoxe Russin Katharina, die die Weltgeschichte zu ihren ganz großen Frauengestalten zählt. Voraussetzung für Katharinas Aufstieg ist, daß ihre Ehe keine Ehe wird. Als Peter die Gemahlin ausgerechnet ins Kloster verbannen will (in jener Zeit soviel wie: „Ist dort gestorben“), beginnt die Palastrevolution, die dem Zar das Leben kostet. Die Umstände seines Todes mag bis heute der Mantel des Mysteriösen decken. Am gängigsten bleibt die Version, daß Katharina Peter ermorden ließ, um als Todesursache den Willen des allmächtigen Gottes und eine „aus Hämorrhoidal-Zufällen herrührende Colick“ verantwortlich zu machen. Selbstherrscherin aller Reußen regiert Katharina Rußland von 1762 bis 1796. Das Volk nennt sie gerne „Mütterchen“ oder „Matuschka“, doch ihre großartige Staatskunst macht sie zur Großen. Die Zarin aus Stettin korrespondiert mit führenden französischen Enzyklopä-

disten und Aufklärern, schreibt Satiren und satirische Komödien, unterhält daneben allerdings auch etwas, das Voltaire spöttisch einen „Männer-Harem" nennt. Ganz vergessen hat Katharina darüber ihre Stettiner Heimat nicht: Eine Münzsammlung, die sie der Stadt schenkte, wird im Rathaus ausgestellt …

Gegen Ende des 18. Jahrhunderts revanchieren sich die Stettiner beim Königshaus Preußen für vergangene Gunstbeweise auf ihre Art: Noch vor den Berlinern errichten sie dem Alten (inzwischen gestorbenen) Fritz am Königstor in „unauslöschlicher Dankbarkeit" ein aus öffentlichen Mitteln finanziertes Denkmal aus schlesischem (der Sockel) und carrarischem (die Statue) Marmor, eben so, wie man in Pommern gute Denkmäler baut. Die Arbeit stammt von Johann Gottfried Schadow, dem Hauptvertreter des deutschen Klassizismus. Der Glanz sollte Schatten bekommen, der „erste Diener seines Staats" sich

den Stettinern gegenüber als etwas schwierig erweisen: Wetterempfindlich wie er in Marmor nun einmal war, muß er eines Tages in Erz ersetzt werden (mit Kopie, die das Haus Hohenzollern den Amerikanern schenkt). So verstärkt hielt es Preußens großer Friedrich in Stettin dann auch aus.

Hatte der Hohenzoller den Pommern bei Kunersdorf oder Kolin einst ein verzweifeltes „Kerls, wollt ihr denn ewig leben?" zugeworfen, so kommt die Antwort aus Stettin jetzt mit Verspätung zurück. Konnte, wie sie im Fort Preußen auf den Einfall der Franzosen reagierten, doch nur bedeuten, daß die Stettiner Kerls einfach leben wollten. Als nach der Niederlage bei Jena und Auerstedt 800 Reiter des Großherzogs von Berg unter General Lasalle aus der Richtung der Pasewalker Chaussee vor Stettin erscheinen, wird ihnen die Stadt durch den 77jährigen General von Romberg kampflos übergeben. Eine Garnison von immerhin rund 5000 preußischen Soldaten

*Das moderne Stettin, im Vordergrund der Ufa-Palast am Paradeplatz. Keine organisch gewachsene Stadt, kann sich Stettin nach der Schleifung der Festungswerke dehnen. Trotz bedeutender Industrien bleibt die Pommernmetropole eine „Stadt im Grünen".*

hatte es zu nicht mehr als ein paar Kanonenschüssen gebracht. Die Franzosen quartieren sich ausgerechnet im Preußenhof (Hôtel de Prusse) ein, Pommerns Regierung zieht nach Stargard um, wer zurückbleibt wird vom Feind vereidigt. Wie wenig Feingefühl für pommersche Sensibilitäten der Gegner tatsächlich hat, beweist der Brand der mit 20 000 Zentnern Pferdefutter überladenen Nikolaikirche: Die Große Armee hatte das Gotteshaus – eine demonstrative Demütigung der Stettiner – als Heudepot genutzt. Erst in den Befreiungskriegen nehmen Preußen, Russen und Kosaken den Franzosen die recht ausgehungerte Festung Stettin wieder ab. Daß es danach Hauptstadt eines wiedervereinigten Pommern wird, verdankt die Stadt jetzt weniger dem eigenen Heldenmut als einem im fernen Wien versammelten Kongreß.

Zur Ehrenrettung müder Stettiner gibt es Friedrich Heinrich Ernst Graf von Wrangel, zu seiner Zeit einer der bekanntesten Heerführer Preußens und populärster Sohn der Oderstadt. Wrangel zeichnet sich als Dragonerlieutenant aus, bevor es nach Napoleons Niederlagen steil aufwärts geht. Über den Divisionskommandeur wird er Oberbefehlshaber der in Schleswig-Holstein operierenden Bundestruppen. 1848/49 stellt „Papa Wrangel", dessen schlagfertige wie derbe Ausdrucksweise Stoff für viele Anekdoten gibt, in den Marken „die Ordnung" wieder her, er wird Generalfeldmarschall und Gouverneur von Berlin. Im deutsch-dänischen Krieg führt er zeitweise das Oberkommando über die österreichisch-preußische Allianz, was den inzwischen Achtzigjährigen dann doch etwas zu stark belastet.

In der Geschichte immer wieder besetzt, belagert und beschossen, beginnt für Stettin mit dem Ende der Franzosenzeit eine Epoche des Aufschwungs, Fortschritts und des Zukunftsglaubens. 1822 ist die Straße nach Berlin gepflastert ... 1825 wird hier die „Dievenow", Pommerns erstes Dampfschiff gebaut ... Ab 1826 verkehrt die „Kronprinzessin Elisabeth" zwischen Stettin und Swinemünde ... 1843 wird die Eisenbahnstrecke nach Berlin, 1849 das Stadttheater mit Goethes Trauerspiel „Egmont" eröffnet ... 1863 schreibt Fontane: „Stettin gefiel mir außerordentlich, der Sonnabend, es war Markt und der Strom voller Boote von den benachbarten Oderdörfern, tat das seinige".

1866 bricht eine große Choleraepidemie aus ... 1880 wird das Fahrwasser nach Swinemünde zur sogenannten „Kaiserfahrt" begradigt ... 1898 eröffnet Wilhelm II. den Freihafen, der durch seine tief ins Land reichende Lage einer großen Entwicklung entgegensieht. Die Oder, die die Stadt in Teilen inselartig umfaßt, ist die Lebensader Stettins geblieben. Die Oder, deren dunkle Melodie den Menschen am Ufer das Gefühl der Heimat gibt. Sie mag mit Paul Keller „das Bauernweib" unter Deutschlands größeren und edleren Flüssen sein, „nicht so reich wie die Elbe, nicht so munter wie die Weser, nicht so königlich wie der Rhein, nicht so machtvoll wie die Donau". Doch ein Bauernweib, das für die Reeder, die Patrizier unter den Oderschiffern, und das handeltreibende, schiffedirigierende Bürgertum stromauf, stromab seine Lasten trägt.

Wirtschaftliche Bedeutung kommt der Gründung der Vulkanwerft zu (später „Stettiner Maschinenbau-Aktien-Gesellschaft Vulkan"). Von See-, Fluß- und Küstenfahrt haben die Stettiner seit altersher etwas verstanden. Nachdem das Kaiserreich eine Zukunft auf dem Wasser sieht, bauen sie in Deutschlands erster Werft für die Produktion der Eisenschiffe die Panzerfregatte „Preußen", die gedeckte Korvette „Prinz Adalbert" und die Panzerkorvette „Sachsen".

Mit der Schleifung von Festungswer-

*Friedrich Heinrich Ernst Graf von Wrangel (1784–1877). Volkstümlich „Papa Wrangel" genannt, ist Generalfeldmarschall von Wrangel zu seiner Zeit populärster Sohn der Oderstadt.*

ken und musealer Überbleibsel kann sich die überforderte, platzende Pommernmetropole erst richtig dehnen und strecken: Zum Zentrum am linken Flußufer, zu seinen Vorstädten, kommen neue Wohnviertel. Stettin, das durch Kriegseinwirkungen und Neuaufbau ohnehin keine Chance mehr hat, organisch gewachsen zu sein, wird zu einer aus älteren, verschachtelten Kernen und neuen Erwerbungen zusammenaddierten Stadt. Stettins Einwohnerzahl wächst, unter seinen Neubürgern der Mecklenburger Dichter Ludwig Giesebrecht, der rund 50 Jahre am lokalen Marienstiftsgymnasium lehren sollte. Von dort kommt es mit poetischer Genauigkeit: *„Über viele liebe Dinge, / Liebe Stadt, gefällst du mir; / Wenn mein Herz nicht an dir hinge, / Hinge traun mein Fuß an dir. / Denn geteert sind deine Gassen, / Zäune, Schiffe um dich her: / O Stettin, wer kann dich lassen, / Liebe feine Stadt im Teer."* Um Giesebrecht zu verstehen, sei angemerkt, daß es in der Stadt lange Brauch war, die Torwege, Zäune, selbst die Treppen vor der Haustür mit einem guten Quantum Teer zu bestreichen.

Die Stettiner lebten gern, sie waren wer, auch wenn es sich im Reich immer wieder von neuem herumsprechen mußte. Sie „wurachten" zusammen und „mautschten" jeder für sich, sie feierten die Wendepunkte des Lebens (Taufe, Konfirmation und Hochzeit), aber längst nicht nur diese. Sie trafen sich zur Naherholung in der Buchheide, in Papenwasser, im Freibad „Grüne Wiese", auf dem Dammschen See oder im Siebenbachmühlental. Gut leben hieß gut essen. Ob zu Hause in der Augusta-, Moltke- oder Barnim-Straße, in Herbergen wie dem „Bairischen Hof" oder dem „Fürst Blücher" ... man schätzte die eigene Gastlichkeit, war kulinarisch in allerbesten Händen. Stettiner aßen anders als Münchner oder Frankfurter, servierten, was niemand so servierte: Kalbsfricassee Stettiner Art, Stettiner Baumkuchen, Stettiner Schrippen, wo sich der Städtename mit der Spezialität verbindet, dann Salzkuchen mit Schmalz, Gänsebraten, -spickbrust, -magen, -weißsauer, -schwarzsauer, -klein, -sülze usw. und dazu den Schit-Lot-Em (ein alkoholisches Getränk, von dem der wasch-

*Stettin: An der Hansabrücke. 1903 dem Verkehr übergeben, um dem zunehmenden Verkehr Rechnung zu tragen, wird die Hansabrücke im April 1945 von deutschen Pionieren gesprengt.*

echte Stettiner nie genug bekommen konnte).

Vor dem ersten Weltbrand hat Stettin ein im engen Straßengewirr eingekeiltes, mit Geschichte gefülltes Schloß, ein paar Gotteshäuser und 2 Festungstore aus Mauerwerk und Sandstein, die zwar nicht vom Uralten, jedoch vom Alten zeugen. Nicht ohne Stolz verweisen die Stettiner auf ihren Friedrich Wilhelm im Schloßhof, auf Friedrich II. am Königsplatz, Friedrich Wilhelm III. vor dem Stadttheater, Wilhelm I. am Paradeplatz und Arndt im Quistorp-Park. Allzu viel ist trotzdem nicht, fehlt der Stadt doch, was ihren Schwestern im Reich den ausgesprochen historischen Reiz verleiht. Dafür geht man mit erstaunlichem Stadtgeist mit der Zeit. Auf dem früheren Gelände des Forts Leopold wird eine 500 m breite Gesamtanlage mit Rasenflächen, Freitreppen und großartigen Bauten der Neurenaissance fertiggestellt: die sogenannte Hakenterrasse des Bürgermeisters Dr. Haken. Damit hat Stettin die städtebauliche Kostbarkeit, etwas, das andere nicht haben, das spezifisch und eigentümlich ist.

Mit der Eröffnung des Hohenzollernkanals, einem Großschiffahrtsweg vom Zentrum des pommerschen Wirtschaftsraums nach Berlin, steigt Stettin zum Ostseetor der deutschen Metropole auf. Von seinen Hafenanlagen legen elegante Bäderdampfer ab, fahren Passagier- und Frachtschiffe in alle Welt. In der Zwischenkriegszeit sind die weißen Schiffe des Seediensts Ostpreußen darunter, die nach der Einrichtung des Korridors eine von Polen unabhängige Verbindung zu Deutschlands fernem Osten unterhalten. Die Motorschiffe „Preußen", „Hansestadt Danzig", dann auch die „Tannenberg" gehören bis zu jenem Tag in das Stettiner Bild, an dem sie – als Minenleger eingesetzt – vor der Insel Öland sinken ...

Es ist diese Konkurrenz geschichtlicher und wirtschaftlicher Großwet-

terlagen, es sind Auf-, Durch- und Abmärsche, die sich lange am kulturellen An- und Aussehen der Pommernmetropole gerieben haben. So wickelte der Stettiner Schriftsteller Hans Hoffmann auch ab: „'S ist wahr, wir hinken noch ein wenig sehr / In Manchem nach, was man Kultur so heißt; / Gedieg'ne Nährkraft gilt uns meistens mehr / Als luft'ge Schönheit, Anmut, Witz und Geist." Carl Ludwig Schleich hält dem „die merkwürdige Physiognomie" der Stadt entgegen. Stettin hatte Kultur, wobei nur die Gefahr bestand, sie zu übersehen:

„Die Stadt tat von je nie etwas für ihre großen Söhne, sie ließ ihren Ruhm in ihren Mauern eingeschlossen, tat, als ob es gar nichts wäre, einen Loewe, Giesebrecht den Ihren zu nennen, ließ ihre Sterne aber nicht über ihre Vorwerke hinausleuchten, besaß aber zugleich einen so hohen Stolz über ihre Geistigkeit, daß ihr von außen, von Berlin, schon gar nichts imponieren konnte, wodurch sie lange Zeit für produzierende Künstler ein verhaßter und gefürchteter Boden war. Der Ton in Stettin war ‚überkiekig‘, snobistisch noch bis in meine Jünglingszeit hinein. Nur nichts Fremdes anerkennen! Das hatten wir ja Gott sei Dank alles bei uns selbst."

Stettin und seine geistreichen Stettiner, das Harmonieren von Form und Inhalt. Die schreibende Zunft mit Bogislaw Philipp von Chemnitz, Johann Christian Brandes, Arthur Brausewetter, Franz Ferdinand Hoepfner, Robert Prutz oder Martin Wehrmann, die Maler Julo Levin oder Gustav Wimmer, der Zoologe Anton Dohrn und der Historiker Franz Kugler ... Zugegeben, man mußte etwas zwischen den Zeiten herumspringen, selbst Bürger einbeziehen, die zu-, gerade auch abgewandert waren. Doch in der Fülle wechselnder Gäste befinden sich Wahlstettiner wie Carl Loewe, der 1820 hier einzog, Städtischer Musikdirektor wurde und in

*Carl Loewe (1796–1869). Der berühmte Balladenkomponist tritt 1820 eine Stelle als Kantor und Lehrer in Stettin an. Im Jahr darauf zum Städtischen Musikdirektor ernannt, bestimmt er bis 1866 das musikalische Leben der Stadt.*

dieser Funktion bis 1866 das musikalische Leben bestimmte. Loewe veranstaltete Musikfeste, brachte die Bach-Passion zur Erstaufführung, schrieb Klavier- und Orchestermusik, Opern und Oratorien. Am populärsten sind Balladen wie „Heinrich der Vogler" oder „Prinz Eugen". Nach seinem Tod entsprach es dem Wunsch des Komponisten, daß sein Herz in einer goldenen Kapsel in einem Pfeiler der Jakobikirche eingemauert wurde.

Auf seine ureigene Art Komponist ist auch Siegmund Schlichting aus Isinger im Pyritzer Weizacker. Verdankt ihm die Nachwelt doch jenen Dauerbrenner „Stettiner Kreuzpolka", der je nach Stimmung auch auf den Text gesungen wird: *„Siehste woll, da kimmt er, / lange Schritte nimmt er, / siehste woll, da kimmt er schon, / der versoffne Schwiegersohn."* Mit rund 100 Militärmärschen hat sich daneben Karl Teike aus Altdamm (später Groß-Stettin) empfohlen. Ursprünglich „zur Regelung der Bewegung größerer Menschenmengen" gedacht, werden Teikes „Alte Kameraden" oder „In Treue fest" inzwischen auch vor kleinerem Publikum intoniert.

Gebürtiger Stettiner ist Leon Jessel. Der Kaufmannssohn aus jüdischer Familie erweist sich früh als Musiktalent, komponiert Märsche und Walzer, bevor er sich der Operette zuwendet. Sein erfolgreichstes Werk wird der in Berlin uraufgeführte Dreiakter „Schwarzwaldmädel" ... 1942 stirbt Jessel im gleichen Berlin an den Folgen der Gestapohaft. Doch die „Mädle aus dem schwarzen Walde", das Hannele, Lorle oder die Malwine haben ihn bereits zu diesem Zeitpunkt unsterblich gemacht. Wie Jessel aus Stettins selbstbewußtem Judentum stammt der Kassenarzt Alfred Döblin. Mitarbeiter der expressionistischen Zeitschrift „Sturm", versucht er sich zuerst an Themen wie „Die Ermordung einer Butterblume". Bevor Döblin, aus der preußischen Akademie

für Dichtung ausgeschlossen, über Frankreich in die USA emigriert, ist im S. Fischer Verlag sein Hauptwerk „Berlin-Alexanderplatz" erschienen. Die mit kraßem Realismus erzählte Geschichte des Transportarbeiters Franz Biberkopf, der als entlassener Sträfling die Aufnahme in die menschliche Gemeinschaft sucht, erregt das Aufsehen der Zeit.

Rundum populärster Stettiner dürfte jetzt allerdings Heinrich George sein. Sagte man den Pommern generell ein gewisses Talent zum Schauspiel nach: hier in Stettin wurden Schauspieler geboren. George, Freiwilliger beim 2. Pommerschen Pionier-Bataillon, wird gegen Ende des Ersten Weltkriegs als wehruntauglich entlassen. Volksschauspieler im wahrsten Sinne des Wortes, zieht es ihn auf die Bühne zurück. Er spielt in Dresden, Darmstadt, Frankfurt/Main und Berlin, Salzburg sieht ihn unter Max Reinhardts Regie als „Mammon" in „Jedermann". Er wird Stumm-, dann auch Tonfilmstar, wird von Hollywood verpflichtet. Doch Stephan Georges deutsche Heimat sollte der „Blutquell seiner Kunst" bleiben. Hier sind es berühmte Rollen – vom Götz von Berlichingen über Florian Geyer zu Wallenstein oder Faust –, die ihn zum „menschlichen und künstlerischen Urphänomen" machen (Gerhart Hauptmann). Das Reich zieht ihn zu Propagandafilmen wie „Jud Süß" oder „Hitlerjunge Quex" und zu Durchhaltestreifen wie „Kolberg" heran: Theaterwelt im Welttheater. Das Kriegsende erlebt der Stettiner in seinem Haus in Berlin-Wannsee. 1946 stirbt er im sowjetischen Konzentrationslager Sachsenhausen bei Oranienburg nach einer Blinddarmentzündung ...

Mit der Schaffung Groß-Stettins wird die Pommernmetropole 1939 zur flächenmäßig drittgrößten deutschen Stadt. Unter den jetzt eingemeindeten Ortschaften sind Altdamm, Podejuch und Völschendorf, Hohenzahden und

*Alfred Döblin (1878–1957). Der spätere Spezialist für Nervenerkrankungen ist 1910 unter den Gründern der expressionistischen Zeitschrift „Der Sturm". Neben historischen Romanen und Naturschilderungen erscheint Döblins Hauptwerk „Berlin-Alexanderplatz" 1929 im S. Fischer Verlag.*

*Die Baumbrücke (1731), eine der ältesten Oderbrücken Stettins. Die Klappbrücke hat ihren Namen von der frühen Praxis, die Durchfahrt der Schiffe so lange mit einem Baumstamm zu blockieren, bis anfallende Gebühren für die Passage beglichen waren.*

emanzipierte. Ab 1940 leben die Stettiner mit dem Flugalarm, der besonders dem Hydrierwerk Pölitz gilt. Im April 1943 – während der Feiern zum 700. Geburtstag – erreichen 304 britische Flugzeuge den Stettiner Luftraum. Dem Fegefeuer von 782 Tonnen Bombenlast fällt der Großteil der Altstadt, darunter die gewaltige Jakobikirche, zum Opfer. Symbolisch dann nur, daß die deutsche Marine im Stettiner Hafen mit der „Graf Zeppelin" ihren einzigen Flugzeugträger selbst versenkt. 1938 in Kiel vom Stapel gelaufen, nach einem Baustopp nach Stettin verlegt, hatte das 262,5 m lange Schiff ohnehin keinen Kriegseinsatz gesehen.

Beim Einmarsch der sowjetischen Truppen ist die Bausubstanz über die Hälfte zerstört, der Stadtkern zwischen Oder, Parade- und Königsplatz praktisch eingeebnet, das Schloß, das Stettins Vergangenheit mit der Gegenwart verband, ausgebrannt. Die geschändete, gewaltsam entwurzelte Hafenstadt wird unter polnische Verwaltung gestellt, Stettin zu Szczecin. Die neuen Herrn der alten Erde weisen die Stettiner aus, schicken Trümmersteine und historisches Geröll nach Warschau (wo sie benötigt werden) und machen sich danach an den Wiederaufbau. Knapp 15 Kilometer von der deutschen Grenze entfernt, zeigt Szczecin kein Altern. Jahrhunderte werden verdrängt und bleiben doch Geschichte. Heute der größte See- und Handelshafen der Ostsee, ist die alte Pommernfeste ein populäres Zuwanderungsziel.

Im Jubeljahr 1993 – Szczecin feiert den 750. Geburtstag Stettins -, würdigt Polens Staatspräsident Lech Walesa die Stettiner als „Garanten einer 1000jährigen polnischen Erde". Eben so, als sei Stettin, trotz der Fußspuren Friedrichs des Großen, Carl Loewes oder Heinrich Georges ... sei ganz Pommern weder die pomoranischen Wenden, weder Schweden noch Deutsche jemals etwas angegangen.

Zedlitzfelde. Dann auch Pölitz am Westrand des Unterodertals, das – durch seinen Stiefel- und Schweinemarkt weit bekannt – bereits in aller Munde war. Hatten frühe Pölitzer Bauern ihre am Markttag unverkäuflichen Ferkel doch häufig einfach laufen lassen. Wer genug Schwein hatte, eines davon einzufangen, durfte es behalten. Erst wenn das letzte Tier gefangen war, hieß es „Rut ut Pölitz; dei Mark is ut", soviel wie „Raus aus Pölitz, der Markt ist aus", was in Stettin und darüber hinaus zum geflügelten Wort werden sollte. Eignete sich der historische Marktschrei doch für Situationen, in denen absolut nichts mehr gefangen/geholt werden konnte.

In der Zwischenkriegszeit erhält Stettin den eigenen Flugplatz, den Autobahnanschluß nach Berlin und einen Ufa-Palast. Dazu den lokalen Radiosender, wenn das Reich auch noch peinlich genau darauf achtete, daß das neue Medium die Zeitgenossen als „Ohrenzeugen" nicht zu sehr

# Alphabet der Stettiner

Sophie Auguste Friedericke von Anhalt-Zerbst (1729–1796), Prinzessin, als Katharina II. auf dem Zarenthron.

Max Berg (1870–1947), Architekt (Breslauer Jahrhunderthalle).

Karl Heinrich von Bötticher (1833–1907), preußischer Staatsmann.

Johann Christian Brandes (1735–1799), Schriftsteller („Trau, schau wem?").

Arthur Brausewetter (1864–1946) Schriftsteller und Pfarrer („Stirb und werde").

Bogislaw Philipp von Chemnitz (1605–1678), Geschichtsschreiber.

Alfred Döblin (1878–1957), Arzt und Schriftsteller („Berlin-Alexanderplatz", „Wallenstein").

Anton Dohrn (1840–1909), Zoologe, Freund Darwins.

Heinrich George (eigtl. Georg August Friedrich Hermann Schulz, 1883–1946), Intendant und Schauspieler.

Franz Ferdinand Hoepfner (1882–1939), Schriftsteller („Via Dolorosa").

Hans Hoffmann (1848–1909), Schriftsteller („Wider den Kurfürsten", „Ostseemärchen").

Leon Jessel (1871–1942), Komponist („Das Schwarzwaldmädel").

Franz Kugler (1808–1858), Historiker, Begründer der Kunstwissenschaften.

Julo Levin (1901–1943), Maler und Graphiker.

Adolf Pompe (1831–1889), Theologe, Oberlehrer (schrieb das Pommernlied „Wenn in stiller Stunde").

Robert Prutz (1816-1872), Literaturhistoriker und Dramaturg, Mitherausgeber der „Hallischen Jahrbücher".

Carl Ludwig Schleich (1859–1922), Arzt, Musiker, Maler und Dichter. Entdecker der Lokalanästhesie.

Albert Eduard Toepffer (1841–1924), Großindustrieller.

Martin Wehrmann (1861–1937), Schriftsteller und Forscher.

Gustav Wimmer (1877–1964), Maler.

Friedrich Heinrich Ernst Graf von Wrangel (1784–1877), Generalfeldmarschall, eine der volkstümlichsten Gestalten Pommerns.

Sophie Dorothea von Württemberg (1759–1828), Prinzessin, als Marja Fjodorowna Gemahlin des Zaren Paul I. von Rußland.

*Sophie Auguste Friederike von Anhalt-Zerbst, die spätere Zarin Katharina II., nach einem Gemälde von Antoine Pesne.*

*Bild links: Alfred Döblin, Kaufmannssohn aus Stettins selbstbewußtem Judentum.*

# Rügen, ein deutsches Sehnsuchtsziel

„O Rügen! Liebliche Insel, wohin ewig die Liebe sich sehnt ... Glauben Sie mir, daß ich oft recht träumerisch sehne, Möwen und Kibitze am Strande der Ostsee kreisen und den Wind in den Eschen zu Garz und Eichen zu Putbus rauschen zu hören. Aber o du armer gefesselter Erdenwurm Mensch, sollst du allenthalben sein?"

Als er es schreibt, ist Ernst Moritz Arndt Professor in Bonn. Aber er stammt von Rügen, ist Randpommer. Und auf Deutschlands größter Insel geben sie etwas darum, daß der Herold der Freiheit von hier kommt. Anno 1877 hat Rügen dann seine Götter und Germanen, Slawen, Fürsten und Seeräuber, bizarre weiße Felsen und das blau-grüne Meer, die Arkona-Legende und den Stubbenkammer-Zauber ... jetzt bauen die Insulaner auf dem Rugard einen Ernst-Moritz-Arndt-Turm dazu.

Man braucht in Zukunft nur gutes Wetter, um vom Rugard aus Arndts Heimat in ihrer landschaftlichen Vielfalt zu übersehen: Die vom Festland durch Greifswalder Bodden und Strelasund getrennte Insel, die sich – grob gesehen – in Hoch- (der Osten) und Niederrügen (der Westen und Südwesten) teilt. Um ihren eigentlichen Kern die durch Wieken, Bodden und Bänke zerrissenen Halbinseln Zudar, Jasmund, Mönchgut und Wittow. Ostseebäder wie Binz, Baabe, Saßnitz, Sellin und Göhren, wie Juliusruh, Thiessow, Breege, Lohme und Dranske.

Es sind fossilreiche Kreidefelsen, Sommerfrischen und Luftkurorte, rauschende Buchenwälder und spiegelnde Seen, die Rügen zum deutschen Sehnsuchtsziel machen. Die Insel ist etwas für Wanderer, Fischer,

Strandläufer, Schwimmer, dann auch Surfer. Doch nicht nur für sie. Jahrhundertelang haben sich geschichtliche Kräfte für das gleich mehrfach interessante Rügen interessiert. Besonders für das Kap Arkona, Pommerns gut durchlüfteten nördlichsten Punkt, auf dem die Wenden ihrem Obergott opferten, die Dänen die Ranen überlisteten ... dem Gerhart Hauptmann die Zeilen widmete: *„Meerumschlungen / Und weidegrün, / Märchendurchklungen / Und heldenkühn, / Herden im Hage, / Reifendes Feld, / Flüsternde Sage, / Lug in die Welt!"*

Jasmunds Küste lockt mit Kreidewänden, -würfeln und -felsen, dem „Hengst" und den „Wissower Klinken". Hier inspirierte der „Feuerregenfelsen" Caspar David Friedrich zur berühmten Idylle. Greifswalds Meister der Romantik hatte seine Flitterwochen auf Rügen verbracht (das holde Wesen im roten Kleid ist seine frisch angetraute Frau). Besonders eindrucksvoll der sagenverklärte Königstuhl. Als Taufpate gilt der Überlieferung nach Schwedens König Karl XII., der vor etlicher Zeit den Felsen als erster von der Seeseite her bestiegen, dann aus luftiger Höhe eine Seeschlacht zwischen Schweden und Dänen beobachtet haben soll. Wenn die Geschichte stimmt ... aber höchstwahrscheinlich stimmt sie wegen der Realität des Kletterziels ohnehin nicht.

Wo sich Wirklichkeit und Legende mischen, landeinwärts vom Königstuhl, der schwarze Herthasee des Stubnitzwalds. Hertha, die Göttermutter der Rügener, war eine Sirene, zumindest hielt man sie dafür. Im Stubnitzwald hat sie mit Vorliebe gebadet, dabei Wanderer an- und ausgezogen, um sie ins Verderben zu stürzen. Am Seeufer der 120 m lange wendische Burgwall, in heidnischer Zeit zum Schutz eines Tempels angelegt. Den Südostzipfel Rügens bildet Mönchgut, wie der Name schon sagt

Seite 108: *Mönchguter Fischer. Auf Mönchgut, der etwas abgelegenen Halbinsel Rügens, konnten sich überliefertes Brauchtum und Eigenarten der lokalen Tracht besonders lange halten.*

aus altem Klosterbesitz. Eine etwas abgelegene Gegend, in der sich Dank selbstverständlicher Dickköpfigkeit, die Insulaner nun einmal an sich haben, altheimisches Hand- und Hauswerk, Brauchtum und Wesensart lange gehalten haben. So ist Mönchgut neben dem Weizacker Pommerns klassisches Trachtengebiet für Mann und Frau. Doch während man im Umland von Pyritz mit Trachten eher „spielt", etwa das Frauenhemd unter dem Rock hervorblitzen läßt, hat die Mönchguter Kleidung den Vorteil, praktisch zu sein. Eine dickwollene schwarze Männerjacke, drei Hosen übereinander getragen, galt bei Fischern vieler Generationen als seeerprobt. Wenn die Mönchguterin ein Band an der weißen Mütze über dem weißen Mützchen trägt, um aller Welt zu zeigen, ob sie verheiratet ist oder nicht, zeugt auch das vom praktischen Sinn einer Tracht.

*Der Ernst-Moritz-Arndt-Turm auf dem Rugard. 1877 östlich von Bergen errichtet, wird der 26 m hohe Rundturm zu Ehren des deutschen Freiheitssängers benannt.*

Rügen ist ein Platz zum Verweilen, nicht sonderlich anstrengend oder gar überanstrengend. Das war nicht immer so. Die Insel hat ihre exklusive Gegenwart, dazu die besondere Vergangenheit.

Rügen ist seit frühester Zeit besiedelt. Steinzeitmenschen waren am Werk, ihre Steingeräte – wenigstens rund 20 000 davon – werden von späteren Generationen gefunden. Hügel- und Hünengräber stammen aus der Bronzezeit, ein Antiquariat, das sich sehen lassen kann. Bis um das Jahr 500 nach Christi Geburt ist das Eiland von ostgermanischen Rugiern bewohnt. Die Geschichte hätte sie vielleicht längst vergessen, stammte von den uralten Teutschen – Pommern, ohne daß sie sich darüber im klaren waren – nicht der Landschaftsname. Während der Völkerwanderung auf dem Weg nach Süden, landen die Insulaner auf dem linken Donauufer. Dort werden aus heidnischen Rugiern arianische Christen. Sie leisten fremden Herren Heeresfolge, versuchen sich im Kampf gegen die Römer, was sie besser vermieden hätten: Rügens Rugier gehen jetzt schon unter.

Nach Abzug der Germanen wandern wendische Ranen in das rügische Altsiedelgebiet ein. Zu Ehren ihres vierköpfigen Obergotts Swantevit legen sie auf einem 54 m hohen Kreidefelsen das burgumwallte Heiligtum Urkan (Arkona) an, einen weiteren Wall auf dem Rugard östlich von Bergen, schließlich die Herthaburg auf Jasmund. Wenn sie gerade keine Wälle bauen, segeln die Ranen mit Vorliebe als Seeräuber, unter anderem gegen Dänen aus der Nachbarschaft.

1136 schlägt Erich IV. von Dänemark zurück. Ein erster Versuch, den Ranen die Kultlandschaft um das Heiligtum Arkona zu entreißen, scheitert. Erst 1168 kann König Waldemar I. der Große mit Hilfe seines Kanzlers Bischof Absalom von Roskilde die Insulaner entscheidend besiegen. Nachdem die wendische Tempelfeste mit

*Im Fährhafen von Saßnitz. Saßnitz ist gegen Ende des 19. Jh. das führende Seebad Rügens, bevor es seinen Rang an Binz abgeben muß. 1909 eröffnen Kaiser Wilhelm II. und Schwedens König Gustav V. mit der „Königslinie" den Eisenbahn-Fährverkehr nach dem 111 Kilometer entfernten Trelleborg.*

biblischem Radikalismus zerstört ist, errichten die Eroberer für die Eroberten die Kirche „St. Marien auf dem Wall", für die eine im 19. Jahrhundert gefundene Bodenplatte bürgt. Vorpommerns erstes Gotteshaus wird mit Benediktinerinnen aus dem Marienkloster von Roskilde besetzt. Unter dem Rügenfürsten Jaromar I. schwören die Ranen heidnischen Göttern ab und leisten den Treueid auf Dänemark. Von 1168 bis 1259 bleibt Rügen unter dänischer Hoheit.

Wie im übrigen Pommern sehen Rügens slawische Fürsten ihren Vorteil im deutschen Know how der Zeit. Sie laden Bauern und Handwerker ein, die Resonanz bleibt im Rahmen, den der Umriß jeder Insel notgedrungen steckt. Dem Verkehr mit dem Festland dient ein Fährbetrieb zwischen Stralsund und Altefähr. 1232 wird Garz erstmals erwähnt, 1282 nimmt Witzlaw II. Rügen vom deutschen König zu Lehen. 1394 landet der Freibeuter Claus Störtebecker – so ge-

nannt, weil er den vollen Weinbecher schneller stürzt als der Piratenhauptmann Godeke Michels – mit seinen Koggen an der Küste. Ausgerechnet in Ralswieks Schloßberg, der umliegende Ort ist das kirchliche Verwaltungszentrum der Insel, sollen die Piraten einen Teil ihres Goldschatzes vergraben haben. Wo genau ist nicht erwiesen: Störtebecker, der an der Pommerschen Küste mehrere, schlecht zu identifizierende Schlupfwinkel unterhält, wird von den Hamburgern hingerichtet. Was immer er sich geleistet haben mag, Ralswiek hat ihm verziehen: Heute erinnern dort Festspiele auf einer Naturbühne an den Freibeuter.

In Folge einer Erbverbrüderung mit Pommern-Wolgast fällt Rügen nach dem Tod Witzlaws III. erst an die Barther Linie, 1478 dann ganz an Pommern. Ob das Festland wußte, was es sich eingehandelt hatte? Thomas Kantzow, der im nahen Stralsund geborene Altmeister der pom-

*Seite 113: Kreidefelsen auf Rügen, der „Wissower Klinken".*

*Caspar David Friedrich (1774–1840): Königsstuhl in der Stubbenkammer (Leipzig, Museum der Bildenden Künste).*

merschen Geschichtsschreibung, beurteilt die Nachbarn: „Wo die Rhugianer gehen oder reisen, haben sie einen Schweinespieß und einen Reutling an der Seite; wenn sie zur Kirchen gehen, setzen sie die Spieße vor die Kirchenthüre, einestheils nehmen sie die in die Kirchen mit, und sollen sie bisweilen, wenn sie aus den Kirchen gehen, oft ein Lärmen erheben. Gehen sie zur Kirchen, so seint sie gewappnet, gehen sie zur Hochzeit, so seint sie gewappnet, bringen sie einen Todten zu Grabe, so seint sie gewappnet." Wen wundert es jetzt noch, daß sich der Chronist in die Behauptung versteigt: „Im ganzen Land Pommern wird in keinem Jahr so viel vom Adel und andere erschlagen, als allein in dieser kleinen Insel." Obendrein waren die Rügener – immer noch mit Kantzow – auch so rechthaberisch, daß der Landvogt mit seinen „Ältesten vom Adel" jeden Sams-

tag Gericht halten mußte. Dort ist „kein Edelmann oder Bauer im Land so schlecht, daß er sein Wort nicht selbst redet". Woraus man schließen kann, daß die Insulaner kräftig, kämpferisch, männlich, eigengeprägt … eben echte Pommern waren.

Nach der Reformation erhält der Grund und Boden besitzende Adel die Gerichtsbarkeit, die er in Zukunft kräftig dazu nutzt, um sich auf Kosten der Bauern zu bereichern. Nach dem Dreißigjährigen Krieg – Rügen ist mit Vorpommern bei Schweden – breitet sich die Gutswirtschaft noch weiter aus, im 18. Jahrhundert wird die Leibeigenschaft eingeführt. Rügener Voll- und Halbbauern, Doppelhüfner, Käter und Kossaten sind erst ab 1806/1810 freie Männer, zumindest halten sie sich jetzt dafür. Den neuen Status verdanken sie nicht zuletzt Ernst Moritz Arndt, dessen Vater mit viel Mühe den Weg vom Leibeigenen

des Fürsten Malte Putbus zum Pächter gegangen ist. Arndts Frühwerk „Versuch einer Geschichte der Leibeigenschaft in Pommern und Rügen" (1803) trägt zur Bauernbefreiung bei. Davor und danach ist einiges passiert. Im Überschlagen dicker Seitenbündel: 1667 besetzen die Dänen wieder einmal die Insel, 1678 nimmt sie der Große Kurfürst mit Hilfe einer dänischen Flotte den Schweden ab, um sie im Frieden von St. Germain wieder zu verlieren. 1715 kommt Rügen in brandenburgischen, 1720 zurück in schwedischen Besitz, wo es bis 1806 bleibt. Nach erzwungener Franzosenzeit wird die Insel 1814 an Dänemark abgetreten, seit 1815 ist sie dann bei Preußen, das jetzt so ernsthaft wie erfolglos daran geht, die großen Güter mit Hilfe eines Ansiedlungsgesetzes aufzuteilen und zu besiedeln. 1864 kämpfen vor Arkona preußische und dänische Marineeinheiten. Die Dänen entscheiden das Gefecht aufgrund ihrer Übermacht, was auf die Besitzverhältnisse an Land jedoch keinen weiteren Einfluß hat.

*Fischer auf Rügen. Bevor der Fremdenverkehr einsetzt, sind Ackerbau, Viehzucht und Fischerei die Haupterwerbsquellen der Rügener.*

Als der Wiener Edward Duller im frühen 19. Jahrhundert neben „Kronen und Ketten" oder „Kaiser und Papst" auch die erste beschreibende Volkskunde über Deutschland herausbringt, nennt er die Rügener „das nicht allzu hohe, noch schön gebaute, aber breitschuldrige und kraftvolle Geschlecht mit scharf ausgeprägten Zügen, blauen Augen und hellem Haar, hartnäckig, das zu behaupten und durchzufechten, was jeder für sein Recht hält". Eine Luft, in der Originale einfach gedeihen müssen. Darunter der Politiker und Schriftsteller Arnold Ruge aus Bergen, der die inseltypische Haltung – in seinem Fall ein Eintreten für burschenschaftliche Verbindungen – mit einem Jahr Haft in Köpenick, 5 weiteren in Kolberg bezahlen muß. 1848 ins Frankfurter Parlament gewählt, vertritt Ruge mit rügischer (pommerscher) Festigkeit ganz bewußt Deutschlands äußerste Linke.

Die Schweinespieß und Reutling tragenden Rügener sind ruhiger geworden, man kann die älteren Zeiten nicht mit den modernen vergleichen. Um eine eisen- und kohlensäurehaltige Quelle in Sagard im Zentrum von Jasmund ist bereits etwas wie ein Fremdenverkehr entstanden. Gezielt wird die Insel allerdings erst ab 1804 entwickelt. Wilhelm Malte von Putbus macht mit dem Bau des „Friedrich-Wilhelm-Bads" Lauterbach zum ersten Badeort Rügens. Hier können sich Urlauber im Bade-, Schutzhaus oder im Schutze bedeckter Badekarren in die „kalte See" stürzen, danach im nahegelegenen Putbuser Kursalon des fürstlichen Parks dinieren. Zum weiteren Höhepunkt wird der Gang ins Theater an der Alleestraße (in alten Reiseführern stand immer obenan, wo man gut essen und sich danach gut weiterbilden konnte). Urlaub exklusiv: Für Exkursionen in die Umgebung stehen Fuhrwerke, für Damen Reitesel bereit.

*Altenkirchen im Kreis
Rügen. Das Gotteshaus von
Altenkirchen auf der nörd-
lichen Halbinsel Wittow
gilt als eine der ältesten
Kirchen Pommerns. In
Altenkirchen war der
Dichter Gotthard Ludwig
Kosegarten einst
Ortspfarrer.*

Gegen Ende des 19. Jahrhunderts er-
hebt der Besuch der deutschen Kaise-
rin Saßnitz zum führenden Seebad
für In- und Ausländer, einen Rang,
den es eines Tages an das mondäne
Binz weitergeben muß. In Binz an der
Küste der Tromper Wiek ist der Dichter Theodor Fontane Kurgast, beendet
Johannes Brahms im ehemaligen
Hotel am Fahrenberg die 1. Sinfonie
(c-Moll, op. 68).

Ernst Moritz Arndt, Rügens markigem
Freiheitsdichter, wird 1877 auf dem
Rugard das Denkmal gesetzt. Die Gegend ist rügisch, wie sie das Herz
jedes Pommern höherschlagen läßt.
Auf dem Rugard finden sich Reste
eines alten Burgwalls, hier hatten Benediktinerinnen einst eine Kapelle errichtet, hier hat sich des Nordens einziger Minnesänger Witzlaw III. einmal an Zeilen wie *„Lovbeere risen /
von den boymen hin tyu tal, / des stan
blot or este"* oder *„Se uben eren suzen*

*scal / vroliches hertzen uber al"* versucht. Wer immer sich dann dazu berufen sah, sollte die Kunst des letzten
Rügenfürsten loben. Arndt dagegen
war kein begnadeter Poet. Von Gottfried Benn wissen wir, daß sein Nach-
ruhm trotzdem gerechtfertigt ist.

Ernst Moritz Arndt ist in Groß
Schoritz, südlich des Ackerbaustädt-
chens Garz, als Schwede geboren,
„kein Preuße von Geburt und Heimat,
sondern ein Preuße von Meinung und
Liebe". Er studiert in der Musenstadt
Greifswald und in Jena, wird Haus-
lehrer beim Pfarrer und Idyllendich-
ter Ludwig Kosegarten in Altenkirchen, bevor es ihn „in die Welt" hinaus treibt. Privatdozent und ordentli-
cher Professor für Geschichte und
Philosophie, schreibt der noch eher
schwedisch gesinnte pommersche
Partikularist einige Bücher, die bereits Spuren hinterlassen. In Greifswald wohnt er in der gleichen Straße

*Kurhaus in Binz. Binz an der Küste der Tromper Wiek ist lange das vornehmste, dann das größte Seebad Rügens.*

wie später Bismarck, der Arndts Fragen – darunter jene nach dem deutschen Vaterland – eines Tages beantwortet.

Ohne Sinn für das freiwillige Martyrium flüchtet Arndt vor dem „erhabenen Ungeheuer" Napoleon nach Schweden. Dort gibt er – „Teutsches Herz, verzage nicht!" – eine Zeitung mit unzweifelhafter Haltung gegen die Franzosen heraus. Dazu trommelt der Pommer, inzwischen einer der bekanntesten publizistischen Gegner des Korsen, dekatente Landsleute wach: „Jetzt ist die Zeit gekommen, wo Ihr Euch zu dem Sinn einer Nation ... erheben müßt, wo Ihr alle für einen und einer für alle zusammenstehen müßt". 1810 zieht es Arndt, trotz der Gefahr, dort „eingefangen und wie ein toller Hund von den Welschen niedergeschossen zu werden", nach Berlin. Zwei Jahre später ist er Mitarbeiter des Freiherrn vom Stein im russischen St. Petersburg.

*„Und rufet alle Mann für Mann / Die Knechtschaft hat ein Ende"* ... ganz Deutschland scheint Arndt jetzt zuzu-

hören, wenn er in Schriften und Liedern gegen Napoleon zu Felde zieht. Seine Feder trägt zum Aufkeimen des neuen politischen Bewußtseins bei, fördert allerdings auch – „Zur Hölle mit den wälschen Affen" – den antifranzösischen Nationalhaß, zu dem etwa Goethe eine kritische Distanz bezieht. Nicht ungestört bleiben die deutschen Fürsten. Nach Yorcks Konvention von Tauroggen, auf dem Weg nach Westen, fragt der Dichter:

*„Was ist des Deutschen Vaterland? / So nenne mir das große Land! / Ist's, was des Fürsten Trug zerklaubt? / Vom Kaiser und vom Reich geraubt? / O nein, nein, nein! / Sein Vaterland muß größer sein!"*

Als Arndt in Breslau seine „Fantasien für ein künftiges Teutschland" zusammenfaßt, stellt er den Wechsel auf die Zukunft aus, der bei der Reichsgründung teilweise eingelöst wird. Der Pommer stirbt im Januar 1860 in Bonn, wo er auf dem alten Friedhof beerdigt wird.

Rügener, die mit Witzlaw, den Herren von Putbus oder Arndt einiges zum

Ruf der Insel beisteuerten, sind der Historiker Delbrück, der Mediziner Billroth und der Orientalist Kosegarten, als Professor in Greifswald Herausgeber von Kantzows pommerscher Chronik. Dem Inselgeist entspricht Franziska Tiburtius aus Bisdamitz: Zur Schule geht sie im nahen Stralsund, Medizin studiert sie in Zürich, sind im männlichen Reich Frauen doch noch vom Medizinstudium ausgeschlossen. Deutschlands erste Medizinerin arbeitet in einem Berliner Arbeiterviertel, bevor sie in der Metropole eine Klinik für bedürftige Frauen gründet. Dort werden ausschließlich Ärztinnen angestellt ...

Im Juli 1909 eröffnen Kaiser Wilhelm II. und Schwedens König Gustav V. mit der „Königslinie" den Eisenbahn-Fährverkehr von Saßnitz nach dem 111 Kilometer entfernten Trelleborg. Ab 1936 besteht eine Eisenbahnverbindung zwischen Rügen und dem Festland, seit 1937 ist der Rügen-

damm für den Straßenverkehr geöffnet. Nach dem Zweiten Weltkrieg wird Rügen Verbannungsgebiet für enteignete Adelige und Großgrundbesitzer aus der sowjetisch besetzten Zone. Wenig später ist es wieder klassisches Ferienziel. Eines der beliebtesten in der DDR.

Nebeninsel und Wellenbrecher Rügens ist Hiddensee, eine Landmasse und keine See, auch wenn die Sturmflut die Insel hin und wieder einmal durchbrochen hat. Auf Hiddensee gibt es mit dem alten Fischerdorf Vitte nur eine größere Ortschaft, mit Kloster nur ein einziges wirkliches Seebad. 1850 ist in Jahns Illustriertem Reisebuch noch nachzulesen: „Die dortigen Bewohner leben armselig, von der Fischerei das Leben fristend, in elenden Torfhütten." Zwischen 1872 und 1874 wird bei Neuendorf Goldschmuck aus Wikingertagen gefunden, ein Halsring, ein Halsgehänge und eine Scheibenfibel, die das

*Kloster auf Hiddensee. Im Bereich eines 1534 säkularisierten Zisterzienserklosters (13. Jh.) wird Kloster aus 2 Ortschaften gebildet. Hier erwirbt Gerhart Hauptmann 1929 das „Haus Seedorn", das später als Gedenkstätte genutzt wird.*

Museum von Stralsund aufbewahrt. Während Nachbildungen des Hiddenseer Goldfunds bald das Reich überschwemmen, bleibt die Insel was sie ist. Ein Mekka für Ornithologen, ein Paradies für Maler und Dichter, etwa das, was die Ostpreußen in Nidden besitzen.

Bekanntester Gast ist der Dramatiker und Erzähler Gerhart Hauptmann aus dem schlesischen Obersalzbrunn. An den Nobelpreisträger für Literatur, mit Werken wie „Die Weber", „Der Biberpelz" oder „Die Ratten" einer der hervorragendsten Vertreter des deutschen Naturalismus, erinnert heute Hauptmanns „Haus Seedorn" in Kloster. 1885 zum erstenmal hier, wurde der Schlesier von Hiddensee immer wieder magisch angezogen. In einem Gasthaus in Vitte schreibt Hauptmann an der „Versunkenen Glocke", in seinem „Haus Seedorn" diktiert er die „Iphigenie in Delphi", „Gabriel Schillings Flucht" spielt auf Hiddensee. Nach seinem Tod von den Sowjets, die ihn unter besonderen Schutz gestellt haben, von Agnetendorf im Riesengebirge auf die Ostseeinsel überführt, wird Hauptmann 1946 von Hiddenseer Fischern zu Grabe getragen.

*Gerhart Hauptmann (1862 Obersalzbrunn/Schlesien – 1946) – Grabstein Gerhart Hauptmanns in Kloster auf Hiddensee. Der deutsche Dichter und naturalistische Dramatiker starb kurz vor seiner Zwangsumsiedlung nach Berlin in dem unter polnischer Verwaltung stehenden Agnetendorf im Riesengebirge. Auf seinen Wunsch hin wird er auf dem Kirchhof von Hiddensee begraben.*

# Alphabet
# der Rügener

Ernst Moritz Arndt (1769 Groß Schoritz – 1860), Schriftsteller, Dichter und Publizist („Der Gott, der Eisen wachsen ließ", „Was ist des Deutschen Vaterland?").

Theodor Christian Albert Billroth (1829 Bergen – 1894), Arzt, einer der bedeutendsten Chirurgen seiner Zeit.

Hans Delbrück (1848 Bergen – 1929), Historiker. Herausgeber der „Preußischen Jahrbücher" („Leben des Feldmarschalls Graf Neithardt von Gneisenau").

Johann Gottfried Ludwig Kosegarten (1792 Altenkirchen – 1860), Orientalist und Schriftsteller.

Hans Langsdorff (1894 Bergen – 1939), Kapitän zur See, Kommandant des Panzerschiffs „Admiral Graf Spee" (1939 selbstversenkt).

Hermann Lietz (1868 Dumgenewitz – 1919), Oberlehrer, in Ilsenburg Gründer des ersten deutschen Landerziehungsheims.

Arnold Ruge (1802 Bergen – 1880), Politiker und Schriftsteller, Gründer der „Halleschen Jahrbücher für Kunst und Wissenschaft" („Revolutionsnovellen", „Preußen und die Reaktion").

Franziska Tiburtius (1843 Bisdamitz – 1927), Ärztin, erste deutsche Medizinstudentin.

Witzlaw III. (1265–1325), Fürst von Rügen, Minnesänger („Es grünen frisch die Wiesen, die Blumen sich erschließen").

*Oben links: Ernst Moritz Arndt aus Groß Schoritz/ Rügen.*

*Kapitän zu See Hans Langsdorff. Als Kommandant des Panzerschiffs Admiral Graf Spee läßt Langsdorff nach dem La-Plata-Gefecht (1939) sein beschädigtes Schiff versenken. Danach verübt er Selbstmord.*

# Ortsnamen in Pommern

**Deutsch – Polnisch**

| Deutsch | Polnisch |
|---|---|
| Altdamm | Dąbie |
| Arnswalde | Choszezno |
| Bahn | Banie |
| Baldenburg | Biały Bór |
| Bärwalde | Barwice |
| Belgard | Białogard |
| Bodenhagen | Bagicz |
| Bublitz | Bobolice |
| Bütow | Bytów |
| Cammin | Kamień Pomorski |
| Daber | Dobra |
| Deutsch Krone | Wałcz |
| Dramburg | Drawsko Pomorski |
| Driesen | Drezdenko |
| Falkenburg | Złocieniec |
| Fiddichow | Widuchowa |
| Flatow | Złotów |
| Freienwalde | Chociwel |
| Friedeberg | Strzelce Krajeńskie |
| Friedrichshuld | Bozanka |
| Gollnow | Goleniów |
| Greifenberg | Gryfice |
| Greifenhagen | Gryfino |
| Groß Born | Borne |
| Groß Tychow | Tychowo |
| Hammerstein | Czarne |
| Jacobshagen | Dobrzany |
| Jamund | Jamno |
| Jarchlin | Jarchlino |
| Jasenitz | Jasienica |
| Jastrow | Jastrowie |
| Kallies | Kalisz Pomorski |
| Kniephof | Konarzewo |
| Kunow | Koniewo |
| Kolbatz | Kołbacz |
| Kolberg | Kołobrzeg |
| Körlin | Karlino |
| Köslin | Koszalin |
| Kreuz | Krzyż |
| Krojanke | Krajenka |
| Labes | Łobez |
| Landeck | Lędyczek |
| Lauenburg | Lębork |
| Leba | Łeba |
| Lebbin | Lubin |
| Märkisch Friedland | Mirosławiec |
| Massow | Maszewo |
| Misdroy | Międzyzdroje |
| Naugard | Nowogard |
| Neustettin | Szczecinek |
| Neuwarp | Nowe Warpno |
| Neuwedell | Drawno |
| Nörenberg | Ińsko |
| Plathe | Płoty |
| Pölitz | Police |
| Pollnow | Polanów |
| Polzin | Połczyn Zdrój |
| Preußisch Friedland | Debrzno |
| Pyritz | Pyrzyce |
| Radolin | Radolin |
| Ratzebuhr | Okonek |
| Reetz | Recz |
| Regenwalde | Resko |
| Rügenwalde | Darłowo |
| Rummelsburg | Miastko |
| Schivelbein | Świdwin |
| Schlawe | Sławno |
| Schlochau | Człuchów |
| Schloppe | Człopa |
| Schneidemühl | Piła |
| Schönlanke | Trzcianka |
| Stargard | Stargard Szczecińsk |
| Stepenitz | Stepnica |
| Stettin | Szczecin |
| Stolp | Słupsk |
| Stolpmünde | Ustka |
| Swinemünde | Świnoujście |
| Tempelburg | Czaplinek |
| Treptow a. d. Rega | Trzebiatów |
| Tütz | Tuczno |
| Wangerin | Węgorzyno |
| Woldenberg | Dobiegniew |
| Wollin | Wolin |
| Wussow | Osowo |
| Zachan | Suchań |
| Zanow | Sianów |
| Ziegenort | Trzebież |